파이널 패스

핵심이론과 함께하는

100선

박문각 공인중개사

고종원 공인중개사법·중개실무

2024

CONTENTS

이 책의 차례

테마 01 부동산거래신고대상 및 절차 · · · · 4

테마 02 부동산거래신고사항 · · · · 6

테마 03 부동산거래계약신고서 작성 · · · · 8

테마 04 정정신청 변경신고 해제등신고 · · · · 10

테마 05 부동산거래신고의무 위반시 제재 · · · · 12

테마 06 주택임대차신고의무 · · · · 14

테마 07 외국인 특례 · · · · 16

테마 08 토지거래허가 대상 · · · · 18

테마 09 선매제도 · · · · 20

테마 10 이행강제금 · · · · 22

테마 11 포상금 · · · · 24

테마 12 분묘기지권 · · · · 26

테마 13 장사 등에 관한 법률 · · · · 28

테마 14 농지법 · · · · 30

테마 15 명의신탁 · · · · 33

테마 16 집합건물법 · · · · 35

테마 17 주택임대차보호법 · · · · 38

테마 18 상가건물임대차보호법(1) · · · · 42

테마 19 상가건물임대차보호법(2) · · · · 44

테마 20 법원경매 · · · · 46

테마 21 권리분석 · · · · 49

테마 22 매수신청대리인 · · · · 51

테마 23 매수신청대리인 보수 및 지도·감독 · · · · 53

테마 24 목 적 · · · · 56

테마 25 용어의 정의 · · · · 58

테마 26 중개대상물 · · · · 61

테마 27 공인중개사제도 · · · · 63

테마 28 등록기준 · · · · 66

테마 29 등록절차 · · · · 68

테마 30 결격사유 · · · · 71

테마 31 중개사무소 · · · · 74

테마 32 중개사무소 이전 · · · · 76

테마 33 중개사무소의 명칭사용 등 · · · · 78

테마 34 중개대상물 표시·광고 · · · · 80

테마 35 업무범위 · · · · 82

테마 36 고용인 · · · · 84

테마 37 인장등록 · · · · 86

테마 38 휴업, 폐업 · · · · 88

테마 39 일반중개계약 · · · · 90

테마 40 전속중개계약 · · · · 92

테마 41 거래정보망 · · · · 94

테마 42 확인·설명의무 · · · · 96

테마 43 주거용 건축물 확인·설명서 기재사항

(주거용 오피스텔 포함) · · · · 100

테마 44 확인·설명서 작성방법 · · · · 103

테마 45 거래계약서 · · · · 108

테마 46 전자계약(=부동산거래계약시스템) · · · · 110

테마 47 손해배상책임 및 보증설정의무 · · · · 112

테마 48 반환채무이행보장 · · · · 114

테마 49 금지행위 · · · · 116

테마 50 교 육 · · · · 118

테마 51 중개보수 이론 · · · · 120

테마 52 중개보수 계산 · · · · 122

테마 53 공인중개사협회 · · · · 125

테마 54 보 칙 · · · · 129

테마 55 자격취소 자격정지 · · · · 134

테마 56 등록취소사유 · · · · 136

테마 57 승계제도 · · · · 139

테마 58 행정형법 · · · · 141

테마 59 과태료(부과절차 : 질서위반행위규제법) · · · · 143

복습문제 · · · · 146

정답 · · · · 213

테마 01 부동산거래신고대상 및 절차

출|제|포|인|트

1. 부동산거래신고대상

🔒 빈도시 공공 주택 분양 산업은 신고하여야 한다.

1. 토지, 건축물, 공급계약, 지위	🔒 입목× 광업재단× 공장재단×
2. 매매	🔒 교환× 증여× 임대차계약× 경매× 판결×

2. 부동산거래신고

1. 신고기한: <u>계약체결일로부터 30일 이내</u>　　　🔒 잔금지급일 ×　취득일 ×
2. 신고관청: 부동산 소재지 시장·군수 또는 구청장　🔒 등록관청 ×
3. 신고의무자
   (1) 거래당사자 (① 원칙: 공동신고 = 공동 서명 또는 날인 / ② 예외: 단독신고)
   　　🔒 일방이 서명 또는 날인 거부시(사유서, <u>거래계약서 사본 첨부</u>)
   　　🔒 <u>일방이 국가 등인 경우에 국가 등이 신고하여야 한다.</u>
   (2) 개업공인중개사 (개업공인중개사가 거래계약서를 작성 교부한 경우)
   　　🔒 이때 거래당사자는 서명 또는 날인할 의무가 없다.
4. 신고 방법
   (1) 직접신고(방문신고○, 전자문서○)
   (2) 제출대행(방문신고○, 전자문서×)
   　　🔒 개업공인중개사: 위임을 받은 소공 − <u>소공의 신분증</u>
   　　🔒 개업공인중개사의 위임장 ×, 전자문서 ×, 중개보조원 ×

3. 신고필증　(지체 없이) 검인의제 ⇨ 등기신청

4. 검증(신고관청)　검증체계 구축 운영(국장)

1. 보고(신고관청 ⇨ 시·도지사 ⇨ 국토교통부장관)
   🔒 시·도지사는 신고관청의 보고내용을 취합하여 매월 1회 국토교통부장관에게 보고
2. 통보(관할세무서장)

01-1 甲구에 중개사무소를 둔 개업공인중개사 A와 소속공인중개사 B가 매도인 C와 매수인 D간의 乙구 아파트에 대한 매매계약을 알선한 경우에 다음 설명 중 옳은 것은?

① A는 취득일로부터 30일 이내에 乙구청장에게 부동산거래신고를 하여야 한다.

② B는 A를 대신하여 부동산거래계약신고서를 乙구청장에게 전자문서로 제출할 수 있다.

③ 乙구청장은 신고내용을 확인한 후 신고인에게 신고필증을 즉시 발급하여야 한다.

④ A가 부동산거래계약신고서를 제출할 때 신고서에 C와 D는 서명 또는 날인할 의무는 없다.

⑤ 乙 구청장은 신고내용을 조사한 경우 조사결과를 매월 1회 국토교통부장관에게 보고하여야 한다.

01-2 다음 「부동산 거래신고 등에 관한 법률」상 부동산거래신고에 대한 설명 중 옳은 것은?

① 부동산거래신고를 일방이 거부한 경우에 다른 일방은 거래신고를 하는 경우에는 사유서와 거래계약서 사본을 첨부하여야 한다.

② 관할세무관서의 장은 부동산거래신고사항에 대해서 부동산거래가격 검증체계에 의하여 그 적정성을 검증하여야 한다.

③ 거래당사자 중 일방이 국가, 지방자치단체, 대통령령으로 정하는 자의 경우에 부동산거래신고의무는 면제된다.

④ 부동산거래계약시스템을 통하여 부동산 거래계약을 체결한 경우에도 부동산 거래계약 신고서를 별도로 신고관청에 제출하여야 한다.

⑤ 소속공인중개사 부동산거래계약신고서의 제출을 대행하는 경우에는 개업공인중개사의 신분증명서 사본이 첨부된 위임장을 제출하여야 한다.

테마 02 부동산거래신고사항

출|제|포|인|트

1. 부동산거래신고사항(주택) 단독주택 공동주택(단, 주거용오피스텔× 기숙사×)

1. 거래대상 (부)동산의 소재지 지번 및 지목 면적
2. 거래대상 (부)동산의 종류
3. 거래당사자의 (인)적사항
4. 계약체결(일) 중도금 지급일 및 잔금 지급일
5. (실제)거래가격
6. 개업공인(중)개사의 인적사항 및 중개사무소 상호, 전화번호, 소재지
   (개업공인중개사가 거래계약서를 작성·교부한 경우에만 해당)
7. (위)탁관리인의 인적사항(매수인이 국내에 주소 거소를 두지 않은 경우)
8. 계약의 조건이나 기한이 있는 경우에는 그 (조)건 또는 기한
9. 거래대상 주택의 취득에 필요한 자금의 조달계획 및 지급방식
10. 거래대상 주택에 매수자 본인이 입주할지 여부와 입주예정시기 등 거래대상 주택의 이용계획(= 입주계획)

🔓 실제거래가격이 6억원 이상 주택 매수
🔓 투기과열지구 또는 조정대상지역 내 주택 매수
🔓 법인이 주택을 매수(단, 매수인이 국가 등인 경우 제외)

11. 자금조달계획증명자료

🔓 투기과열지구 내 주택 매수

2. 부동산거래신고사항(토지)

1. ~ 8. 계약의 조건이나 기한이 있는 경우에는 그 (조)건 또는 기한
9. 거래대상토지의 취득에 필요한 자금의 조달계획
10. 거래대상토지의 이용계획

🔓 9. 10 신고사항 추가 되는 경우

구 분	토 지	토지 지분
수도권 등	1억원 이상	금액불문
수도권 등 외 지역	6억원 이상	6억원 이상

🔓 수도권 등: 서울, 경기, 인천광역시, 광역시, 세종시
🔓 단, 제외되는 경우 - 매수인이 국가 등인 경우 / 토지거래허가 받은 경우

02-1 조정대상지역 및 투기과열지구 외의 공동주택을 매도인 甲과 매수인 乙이 6억원에 매매계약을 체결하게 개업공인중개사 丙이 중개하여 매매계약서를 작성·교부한 경우에 부동산거래신고 하여야 할 사항에 해당하는 것을 모두 고르세요?

> ㉠ 자금조달계획증명자료
> ㉡ 중도금 지급일
> ㉢ 위탁관리인의 인적사항(乙이 국내에 주소 거소를 두지 않은 경우)
> ㉣ 거래대상주택의 취득에 필요한 자금의 조달계획 및 지급방식
> ㉤ 개설등록한 중개사무소의 상호

① ㉡, ㉢, ㉣, ㉤
② ㉡, ㉢, ㉤
③ ㉠, ㉡, ㉢, ㉣, ㉤
④ ㉡, ㉢, ㉣
⑤ ㉠, ㉡, ㉢, ㉣

02-2 울산광역시 내 550제곱미터 토지의 지분 2분의 1을 5천만원에 매도인 甲과 매수인 乙이 개업공인중개사 丙의 중개로 매매계약을 체결한 경우 부동산거래신고때 신고사항에 해당하는 것으로 모두 묶인 것은? (매수인 乙은 국가 등은 아니고 해당 토지는 토지거래허가구역에 포함되어 있지 않음)

> ㉠ 거래대상토지의 취득에 필요한 자금의 조달계획
> ㉡ 개업공인중개사 丙의 중개사무소 소재지
> ㉢ 매도인 甲의 인적사항
> ㉣ 거래대상토지의 이용계획

① ㉠, ㉣
② ㉠, ㉡, ㉢, ㉣
③ ㉡, ㉢
④ ㉠, ㉢, ㉣
⑤ ㉡, ㉢, ㉣

Answer 02-1 ①   02-2 ②

테마 03 부동산거래계약신고서 작성

출|제|포|인|트

1. 부동산거래계약신고서

1. 주소란 - 거래지분 비율
2. 외국인 - 국적, 매수용도 기재
3. 일반건축물(소재지, 지번) / 집합건축물(소재지, 지번, 동 호수까지)
4. 지목, 면적(토지대장, 건축물대장) / 대지권비율(등기사항증명서)
5. 집합건축물(전용면적) / 그 밖의 건축물(연면적)
6. 공급계약(시행사 또는 건축주가 최초로 부동산을 공급하는 계약)
   (준공 전 / 준공 후 / 임대주택분양전환 - 임대주택사업자는 법인에 한정)
7. 전매(부동산을 취득할 수 있는 권리의 매매), (분양권 / 입주권)
8. 물건별 거래금액(각각의 부동산별 거래가격을 적는다.)
9. 총 실제거래가격(전체거래가격)
   - 둘 이상의 부동산 함께 거래한 경우 각각의 부동산별 거래금액의 합계금액을 적는다.
10. 물건별 거래금액 또는 총 실제거래가격 기재할 때
    토지 건축물 - 부가가치세 제외 / 공급계약 전매 - 부가가치세 포함
11. 종전 부동산(입주권 매매의 경우에만 작성)

2. 법인주택거래계약신고서

1. 법인 등기 현황
2. 거래상대방간 특수관계 여부
3. 주택취득목적

3. 주택취득자금 조달 및 입주계획서

1. 자금조달계획
2. 조달자금지급방식
3. 입주계획

🔒 부동산거래계약신고서와 자금조달 및 입주계획서 별도 제출 : 30일 이내 별도 제출
🔒 부동산거래계약신고서와 자금조달 및 입주계획서 함께 제출 : 25일 이내 제공

03-1 다음 부동산거래계약신고서의 기재요령에 대한 설명 중 옳은 것은?

① 계약대상 면적은 실제거래면적을 적되, 건축물 면적은 집합건축물의 경우에는 연면적, 단독건축물인 경우에는 전용면적을 기재해야 한다.

② 소재지는 지번(아파트 등 집합건물의 경우에는 동 호수)까지, 지목·면적·대지권비율은 토지대장상의 지목·면적 대지권비율을 적는다.

③ 전매는 부동산을 취득할 수 있는 권리의 매매로서 "분양권" 또는 "입주권"에 √ 표시한다.

④ 거래대상의 종류가 공급계약 또는 전매인 경우 "물건별 거래가격"과 "총 실제 거래가격(전체)"란에는 부가가치세를 제외한 금액을 적는다.

⑤ "물건별 거래가격란"에는 둘 이상의 부동산을 함께 거래하는 경우 각각의 부동산별 거래금액의 합계금액을 적는다.

03-2 부동산 거래신고 등에 관한 법령상 부동산 매매계약에 관한 신고사항 및 신고서의 작성에 관한 설명으로 틀린 것은?

① 거래당사자가 다수인 경우 매수인 또는 매도인의 주소란에 각자의 거래지분 비율을 표시한다.

② '종전 부동산'란은 입주권매매의 경우에만 작성하고 '거래금액'란에는 추가지불액 및 권리가격의 합계금액, 계약금, 중도금, 잔금을 적는다.

③ '거래대상의 종류' 중 '임대주택 분양전환'은 임대주택사업자(법인에 한함)가 임대기한이 완료되어 분양전환하는 주택인 경우에 √ 표시를 한다.

④ 거래당사자가 외국인인 경우 거래당사자의 국적을 반드시 기재하여야 하며, 매수용도를 기재한다.

⑤ '총 실제거래가격'란에는 둘 이상의 부동산을 함께 거래한 경우 각각의 부동산별 거래가격을 적는다.

테마 04 정정신청 변경신고 해제등신고

출|제|포|인|트

1. 정정신청 잘못 기재 ~ 할 수 있다.

> 1. 거래지분비율 2. 거래지분 3. 부동산 등의 면적
> 4. 거래당사자의 주소, 전화번호, 휴대전화번호 5. 건축물의 종류
> 6. 부동산 등의 지목, 대지권비율
> 7. 개업공인중개사의 전화번호, 상호, 사무소, 소재지

2. 변경신고 변경된 경우 ~ 할 수 있다.

> 1. 거래지분 비율 2. 거래지분 3. 부동산 등의 면적
> 4. 조건기한   5. 위탁관리인의 인적사항
> 6. 거래가격 7. 중도금 잔금 및 지급일
> 7. 공동매수의 경우 일부 매수인 변경(= 제외)
> 8. 일부 부동산의 변경(= 제외)

🔒 지면 조위금 변경

3. 해제 등 신고

> 1. 거래당사자는 부동산거래신고를 한 후 해당 거래계약이 해제 무효 또는 취소된 경우 해제 등이 확정된 날부터 30일이내 신고관청에 공동으로 신고하여야 한다.
> 2. 개업공인중개사가 부동산거래신고를 한 경우에는 거래당사자가 있음에도 불구하고 개업공인중개사가 해제 등 신고를 할 수 있다.

▶ **다른 제도와의 관계**
(1) 부동산거래신고 > 검인
(2) 부동산거래신고 > 외국인 부동산 취득 특례상의 취득신고
(3) 토지거래허가제 ⇔ 부동산거래신고제
(4) 농지취득자격증명 ⇔ 부동산거래신고제

04-1 부동산거래신고의 변경신고를 할 수 있는 사유가 아닌 것은?

① 공동매수의 경우 일부 매수인의 추가
② 지급위탁인의 주소
③ 상가건물거래의 조건
④ 거래가격
⑤ 거래지분

04-2 다음 부동산거래신고제도에 관한 설명 중 틀린 것은 몇 개인가?

> ㉠ 토지거래허가를 받은 경우에는 부동산거래신고는 하지 않아도 된다.
> ㉡ 거래신고 후에 매도인이 매매계약을 취소하면 매도인이 단독으로 취소신고를 신고관청에 해야 한다.
> ㉢ 개업공인중개사가 부동산거래신고필증을 발급 받은 때에는 매수인은 「부동산등기 특별조치법」에 따른 검인을 받은 것으로 본다.
> ㉣ 개업공인중개사가 부동산거래신고를 한 경우에는 거래당사자가 있음에도 불구하고 개업공인중개사가 해제 등 신고를 하여야 한다.
> ㉤ 개업공인중개사는 부동산거래계약 신고 내용 중 "거래가격"이 변경된 경우에는 등기신청 전에 신고내용의 변경을 신고하여야 한다.

① 1   ② 2   ③ 3
④ 4   ⑤ 5

테마 05 | 부동산거래신고의무 위반시 제재

출│제│포│인│트

1. 3년 / 3천

> 재산상 이득을 취할 목적으로 거래하지 않았음에도 불구하고 거짓으로 거래신고한 자

2. 취득가액의 100분의 10 이하의 과태료

> 신고의무자 또는 신고의무자 아닌 자가 부동산거래신고를 거짓으로 한 자

3. 3천만원 이하의 과태료

> 1. 거래대금 지급증명 자료 제출 × 거짓 제출한 자
> 2. 거래하지 않았음에도 불구하고 거짓으로 거래신고한 자
> 3. 해제 등이 되지 않았음에도 불구하고 거짓으로 해제 등 신고를 한 자

4. 5백만원 이하의 과태료

> 1. 부동산거래신고 × 공동신고 거부자
> 2. 해제 등 신고를 하지 아니한 자
> 3. 거래신고 하지 아니하게 하거나 거짓 신고 요구
> 4. 거짓신고 행위를 조장 방조
> 5. 거래대금 지급 증명 자료 외 자료 제출 ×

▶ **과태료 감경 면제**
1. 원칙: 부동산거래신고의무 위반사실을 자진 신고한 자에 대해서는 과태료 감경 면제 ○
2. 예외: 과태료 감경 면제 ×
       (1) [대금자료 / 외자료] 자료 제출 × 거짓 제출자   (2) 불구하고 거짓 신고자

▶ **신고관청**(부동산거래신고의무 위반자에 대한 과태료 부과)
  ⇨ (10일 이내 통보)등록관청

05-1 다음 부동산거래신고의무를 위반한 경우의 제재에 대한 연결 중 옳은 것은?

① 거짓으로 부동산거래신고를 하는 행위를 조장하거나 방조한 자 – 취득가액의 100분의 10 이하의 과태료

② 이득을 얻을 목적으로 부동산거래를 하지 않았음에도 불구하고 거짓으로 부동산거래신고를 한 경우 – 3,000만원 이하의 과태료

③ 부동산거래신고를 거짓으로 신고한 자 – 취득가액의 100분의 5 이하의 과태료

④ 부동산거래계약 해제 등 신고를 하지 아니한 거래당사자 – 500만원 이하의 과태료

⑤ 거래대금지급증명자료 외 자료를 제출하지 아니하거나 거짓으로 제출하게 한 자 – 3,000만원 이하의 과태료

05-2 부동산 거래신고 등에 관한 법령상 자진 신고한 자에게 과태료를 감경 또는 면제할 수 있는 경우는?

① 개업공인중개사로 하여금 거짓된 내용의 부동산 거래내용을 신고하도록 요구한 사실을 자진 신고한 경우

② 매매계약을 체결하지 아니하였음에도 불구하고 거짓으로 부동산 거래신고를 한 자 사실을 자진 신고한 경우

③ 거래대금지급증명자료 외의 자료를 제출하지 아니하거나 거짓으로 제출한 사실을 자진 신고한 경우

④ 「국세기본법」 또는 「지방세법」 등 관련 법령을 위반한 사실 등이 관계기관으로부터 신고관청에 통보된 경우

⑤ 자진 신고한 날부터 과거 1년 이내에 자진 신고를 하여 3회 이상 과태료의 감경 또는 면제를 받은 경우

Answer 05-1 ④　　05-2 ①

테마 06 주택임대차신고의무

출|제|포|인|트

1. 주택거래신고대상

1. 주택: 주임법상 주택(실질적으로 주거용) / 주택을 취득할 수 있는 권리 ○
2. 대상지역: 특별자치시, 특별자치도, ○○시, 군(광역시, 경기도 내), 자치구
3. 대상계약: 보증금 6천만원 초과 또는 월세 30만원 초과
🔒 보증금 차임 변동 없이 기간만 연장하는 계약은 신고 ×

2. 주택거래신고절차

1. 신고의무자: 임대차계약 당사자 ○, 개업공인중개사 ×
    원칙: 공동신고, 예외: 단독신고(일방거부 / 일방이 국가 등)
2. 신고관청: 주택소재지 관할 시장·군수 또는 구청장(▷ 읍·면·동장)
3. 신고기한: 임대차계약 체결일로부터 30일 이내
4. 신고필증: 지체없이 발급

3. 주택거래신고사항

1. 임대차계약 당사자의 인적사항
2. 임대차 목적물의 소재지, 종류, 임대 면적 등 임대차 목적물의 현황
3. 보증금 또는 월차임
4. 계약갱신요구권 행사여부
5. 개업공인중개사의 등록정보
6. 계약체결일 및 계약기간

4. 주택임대차계약 변경 해제 신고 원칙: 공동신고 예외 단독신고 (일방거부/국가 등)

1. 변경신고: 주택임대차신고 후 보증금 차임 등이 변경된 경우
2. 해제신고: 주택임대차신고 후 임대차계약이 해제 된 경우

5. 다른 제도와의 관계

주민등록 전입신고 > 주택임대차계약 신고 > 확정일자

6. 제재 100과

주택임대차신고 ×   주택임대차 거짓신고   변경신고 ×   해제신고 ×

06-1 개업공인중개사 丙이 A광역시 B군에 소재하는 甲 소유의 X건물을 乙이 주거용으로 임차하는 계약을 중개하고 임대차 계약서를 작성한 후 부동산 거래신고 등에 관한 법령상 주택임대차계약의 신고에 관하여 甲과 乙에게 설명한 내용이다. 옳은 것은?

① 甲과 乙이 임대차 계약의 신고를 한 후 보증금 및 차임의 증감 없이 임대차 기간만 연장하는 계약을 한 경우에도 주택임대차계약의 변경신고를 하여야 한다.

② X건물이 오피스텔인 경우에 甲과 乙은 주택임대차계약신고의무가 있다.

③ X건물이 보증금 6천만원, 월차임 30만원인 경우에 임대차신고의무가 있다.

④ 乙이 전입신고를 한 경우에도 이 법에 따른 주택임대차계약의 신고를 하여야 한다.

⑤ 丙은 계약체결일부터 30일 이내에 주택임대차계약의 신고를 해야 한다.

06-2 주택임대차신고제도에 관한 설명 중 틀린 것은?

① 신고대상 주택은 「주택임대차보호법」 제2조에 따른 주택을 말한다.

② 임대차계약 당사자 중 일방이 국가 등인 경우에는 주택임대차신고는 하지 않아도 된다.

③ 임대차계약당사자는 해당 주택 임대차 계약의 보증금, 차임 등 임대차 가격이 변경된 때에는 변경이 확정된 날부터 30일 이내에 해당 신고관청에 공동으로 신고하여야 한다.

④ 주택임대차신고를 거짓으로 한 자는 100만원 이하의 과태료 사유에 해당한다.

⑤ 주택임대차신고의 접수를 완료한 때에는 「주택임대차보호법」 제3조의6 제1항에 따른 확정일자를 부여한 것으로 본다(임대차계약서가 제출된 경우로 한정한다).

테마 07 외국인 특례

출|제|포|인|트

1. 적용범위

1. 외국인 등
   (1) 대한민국 국적을 보유하고 있지 아니한 개인
   (2) 외국법령에 의해서 설립된 법인 또는 단체 / 외국정부 / 국제기구 산하기구
   (3) 내국법인 중(구성원, 임원, 자본금, 의결권 1/2 이상이 외국인 외국법인)
2. 국내의 부동산 등(토지, ○, 건물 ○, 공급계약 ○, 지위 ○)
3. 소유권 취득 ※ 양도 × 이전 ×

2. 규제

구 분		신고 기간	제 재
신고 (부동산 등)	계약(교환, 증여)	계약일로부터 60일 이내	300과
	계약 외 (상속, 합병, 경매, 환매, 판결, 신축)	취득일로부터 6월 이내	100과
	국적변경	변경일로부터 6월 이내	100과
허가 (토지)	㉠ 야생생물특별보호구역 ㉡ 생태경관보전지역 ㉢ 군사시설 보호구역 등 ㉣ 문화재 보호구역 등 ㉤ 천연기념물 등	15일 이내에 허가 여부 통보 단, 군사(30일＋30일) ·허가 없으면 무효(효력규정) ·지장 없으면 허가하여야 한다.	2/2 (양벌규정)

▶ 외국인 매매계약 - 30일 이내 부동산거래신고 🔒 자진신고자 과태료 감경 면제 ○

3. 절차

1. 부동산 등 소재지 시장·군수·구청장에 신고·허가신청
2. 신고시 신고확인증 발급
3. 허가 신청시 15일 이내 허가증 발급(단, 군사보호구역 등은 30일 이내 발급)
4. 외국인으로부터 위임 받은 자는 대리신고 허가신청(전자문서 제외)할 수 있다.
5. 사후제출
   신고관청 (분기종료일로부터 1개월 이내) ⇨ 시 도지사 (1개월 이내) ⇨ 국토교통부장관
   🔒 특별자치시장은 직접 국토교통부장관에게 제출

4. 다른 제도와의 관계

1. 토지거래허가 ＞ 외국인 특례상 취득 허가
2. 부동산거래신고 ＞ 외국인 특례상 취득 신고

07-1 개업공인중개사가 국내 부동산 등을 취득하려는 외국인에게 설명한 것으로 옳은 것은?

> ㉠ 「자연환경보전법」 제2조 제12호에 따른 생태·경관보전지역의 토지에 대한 허가신청을 한 경우에 30일 이내에 허가 또는 불허가 처분을 하여야 한다.
> ㉡ 외국인이 국내 토지를 증여받은 경우에는 취득일로부터 6개월 이내에 신고관청에게 신고하여야 한다.
> ㉢ 취득신고를 하지 아니한 외국인이 자진신고를 한 경우에는 과태료를 감경 또는 면제할 수 있다.
> ㉣ 외국인등이 허가 없이 「자연유산의 보존 및 활용에 관한 법률」에 따라 지정된 천연기념물등과 이를 위한 보호물 또는 보호구역 안의 토지를 취득하는 계약을 체결한 경우 그 계약은 효력이 발생하지 않는다.

① ㉠
② ㉠, ㉢
③ ㉡, ㉢
④ ㉡, ㉣
⑤ ㉢, ㉣

07-2 개업공인중개사가 외국인에게 부동산 거래신고 등에 관한 법령상의 외국인 특례의 내용을 설명한 것으로 옳은 것은?

① 상속으로 취득한 때는 이를 신고하지 않거나 거짓으로 신고한 경우 300만원 이하의 과태료가 부과된다.

② 토지거래허가구역 내 토지거래계약에 관한 허가를 받은 경우에는 외국인 등 특례에 따른 토지취득허가를 받지 않아도 된다.

③ 외국인특례에 따라 부동산 등 취득의 신고를 하지 아니하거나 거짓으로 신고한 자는 2년 이하의 징역 또는 2천만원 이하의 벌금에 처한다.

④ 외국의 법령에 따라 설립된 법인이 자본금의 2분의 1을 가지고 있는 법인은 "외국인 등"에 해당하지 않는다.

⑤ 신고관청은 신고 및 허가 내용을 매 분기 종료일로부터 1개월 이내에 국토교통부장관에게 제출하여야 한다.

테마 08 토지거래허가 대상

출|제|포|인|트

1. 토지거래허가구역 지정 5년 이내 / ~ 할 수 있다.

1. 지정권자 : 국토교통부장관 또는 시·도지사
   (1) 국장(둘 이상 시·도에 걸쳐 있는 경우 / 국가 시행 개발사업)
   (2) 시·도지사(동일 시·도 안의 일부 지역)
2. 지정요건 : 토지의 투기적 거래 성행 또는 지가 급격 상승지역, 우려지역
   🔒 대통령령이 정하는 지역
   계획이 새로 수립 변경, 행위제한이 완화 또는 해제, 개발사업 진행 또는 예정
   🔒 허가대상자, 허가대상의 용도와 지목 등을 특정하여 지정할 수 있다.
3. 지정절차
   (1) 심의 (2) 지정공고 (5일 후 효력 발생)
   [지정기간, 대상자, 용도, 지목, 소재지, 용도지역, 지형도, 허가면제대상 토지면적]
   (3) 통지(국장 ⇨ 시·도지사 ⇨ 시·군·구청장 ⇨ 등기소장)
   (4) 공고(7일 이상) 및 열람 (15일간 일반인) : 시장·군수 또는 구청장

▶ 지정해제 축소 (지정 사유가 없어졌다고 인정되면 ~해제하여야 한다.)
▶ 재지정 의견청취 ① 심의 ② 지정공고 ③ 통지 ④ 공고 및 열람

2. 허가대상 기준면적 초과 허가권자 : 시장 군수 또는 구청장

1. 도시지역 (1) 주거($60m^2$) (2) 상업($150m^2$) (3) 공업지역($150m^2$)
   　　　　　 (4) 녹지($200m^2$) (5) 미지정($60m^2$)
2. 비도시 (1) 임야($1000m^2$) (2) 농지($500m^2$) (3) 기타($250m^2$)

▶ 자연녹지 내 임야 면적이 $300m^2$인 경우에는 토지거래허가를 받아야 한다.
▶ 기준 면적 초과 토지를 허가구역 지정 후 분할 후 최초 계약은 초과 토지로 본다.

3. 허가대상 계약

1. 소유권　　2. 지상권 − 이전 설정하는 유상계약

▶ 증여, 법원경매, 국세·지방세 체납처분, 토지수용, 3회 이상 유찰된 공매 − 허가증 ×

08-1 다음 「부동산 거래신고 등에 관한 법률」상의 토지거래계약허가에 관한 내용 설명 중 틀린 것을 모두 고른 것은?

> ㉠ 허가구역의 지정은 이를 공고하고 일반이 열람할 수 있는 날로부터 5일 후에 그 효력이 발생한다.
> ㉡ 국토교통부장관 또는 시·도지사가 토지거래허가구역을 지정하고자 하는 경우에는 도시계획심의위원회의 심의 전에 시·도지사 또는 시장·군수 또는 구청장의 의견을 청취하여야 한다.
> ㉢ 허가구역지정 공고내용의 통지를 받은 시장·군수 또는 구청장은 지체 없이 그 공고 내용을 그 허가구역을 관할하는 세무서장에게 통지하여야 한다.
> ㉣ 국토교통부장관은 허가구역의 지정 사유가 없어졌다고 인정되면 중앙도시계획위원회의 심의를 거쳐 허가구역의 지정을 해제하여야 한다.

① ㉠, ㉡   ② ㉡, ㉢   ③ ㉡, ㉣
④ ㉠ ㉢, ㉣   ⑤ ㉠, ㉡, ㉢

08-2 「부동산 거래신고 등에 관한 법률」상의 토지거래허가구역 내 토지거래계약 허가대상에 관한 설명 중 옳은 것은? (국토교통부장관 또는 시·도지사가 별도의 기준면적을 정하지 않았다)

① 허가구역 지정시 농림지역 내 지목이 전(田) 1000m²의 토지를 300m²로 분할 후 바로 매수하는 경우에 토지거래허가를 받지 않아도 된다.
② 보전녹지지역 내 임야 300m²를 매수하는 경우에는 토지거래허가를 받지 않아도 된다.
③ 법원경매로 전용주거지역 내 200m²의 토지를 매수하는 경우에 토지거래허가를 받아야 한다.
④ 생산관리지역 내 답 500m²를 매수하는 경우에 토지거래허가를 받아야 한다.
⑤ 자연녹지지역 내 대 300m²에 대해 지상권설정계약을 체결해서 지상권을 취득하고자 하는 자는 토지거래허가를 받아야 한다.

테마 09 선매제도

출|제|포|인|트

1. 허가절차

1. 허가신청: (1) 공동 (2) 허가신청서, 토지이용계획서, 자금조달계획서
2. 허가 또는 불허가 처분: 15일 이내

🔒 15일 이내에 허가× 불허가통지× 선매협의 통지×
   처리기간이 끝난 다음 날 허가 받은 것으로 본다.

2. 허가신청서 기재사항

1. 당사자 성명, 주소 2. 토지의 지번, 지목, 면적, 이용현황, 권리설정현황
3. 토지의 정착물 (건축물 공작물 입목)
4. 이전 및 설정하려는 권리의 종류 5. 계약예정금액 ※ 거래금액 ×
6. 토지의 이용에 관한 계획 7. 토지를 취득하는 데 필요한 자금조달계획

🔒 개업공인중개사에 관한 사항(×)

3. 선매제도

1. 선매대상: 공익사업용 토지, 허가목적 외 사용 토지
2. 선매자 지정: 허가신청 1개월 이내
3. 선매협의 완료: 선매자 지정된 때부터 1개월 이내 계약, 조서 작성
4. 선매협의 개시: 선매자 지정된 때부터 15일 이내 매수가격 등 선매조건을 기재한
   서면을 토지 소유자에게 통지
5. 선매가격: 감정가 기준(원칙), 낮은 가격(예외)

🔒 선매협의가 이루어지지 않은 경우에 시장·군수 또는 구청장은 지체 없이 허가 또는
   불허가 처분 통보하여야 한다.

4. 불허가

1. 이의신청: 1개월 이내 허가 또는 불허가처분에 대한 이의신청
2. 매수청구: 1개월 이내, 공시지가로 매입의무

09-1 부동산 거래신고 등에 관한 법령상 토지거래계약의 허가와 관련된 설명으로 틀린 것은?

① 허가를 받으려는 매수인과 매도인은 공동으로 허가신청서를 토지 소재지 관할 시·도지사에게 제출해야 한다.

② 토지거래허가신청서에는 개업공인중개사의 정보에 관한 사항을 기재하여야 한다.

③ 허가구역에 있는 토지거래에 대한 처분에 이의가 있는 자는 그 처분을 받은 날부터 30일 이내에 시장·군수 또는 구청장에게 이의를 신청할 수 있다.

④ 토지거래허가신청에 대해 불허가처분을 받은 자는 그 통지를 받은 날부터 1개월 이내에 시장·군수 또는 구청장에게 해당 토지에 관한 권리의 매수를 청구할 수 있다.

⑤ 매수청구를 받은 시장·군수 또는 구청장은 매수할 자로 하여금 예산의 범위 안에서 감정가를 기준으로 하여 해당 토지를 매수하게 하여야 한다.

09-2 부동산거래신고 등에 관한 법령상 토지거래계약 허가와 관련된 선매제도에 대한 설명 중 틀린 것은 몇 개인가?

> ㉠ 토지거래계약 허가를 신청하였으나 공익사업용 토지에 한하여 선매협의대상으로 한다.
> ㉡ 시장·군수·구청장은 토지거래계약 허가의 신청이 있는 날부터 15일 이내에 선매자를 지정하여 토지소유자에게 통지하여야 한다.
> ㉢ 선매자로 지정된 자는 지정 통지를 받은 날로부터 1개월 이내에 매수가격 등 선매조건을 기재한 서면을 토지소유자에게 통지하여 선매협의를 하여야 한다.
> ㉣ 선매자의 매수가격은 공시지가를 기준으로 한다.
> ㉤ 선매협의가 이루어지지 아니한 때에는 토지거래계약에 관한 허가신청에 대하여 불허가처분을 하여야 한다.

① 1 ② 2
③ 3 ④ 4
⑤ 5

테마 10 이행강제금

출|제|포|인|트

1. 허 가

허가기준(실수요성 + 토지이용계획 + 면적적합성)
🔒 허가의제: 토허 > 농취증, 토허 > 검인

2. 토지이용의무(5년 이내)

1. 2년: 복지 편익시설, 자기거주용, 농업·임업·축산업, 대토
2. 4년: 사업시행
3. 5년: 현상보존, 기타

3. 이행명령(문서 3개월 이내)

4. 이행강제금

1. 이행명령이 있었던 날 기준 1년에 한번씩 이행될 때까지
2. 이용의무기간이 지난 후에는 이행강제금 부과 ×
3. 이행명령을 이행하면 새로운 이행강제금 부과를 즉시 중지
4. 이행명령 이전에 이미 부과된 이행강제금은 징수하여야 한다.
5. 취득가액(실제거래가격)의 100분의 10 이하
   ▶ 방치(10%) 임대, 기타(7%), 목적변경(5%)
6. 이의제기(30일 이내)

10-1 다음 「부동산 거래신고 등에 관한 법률」상의 토지이용의무와 이행강제금에 대한 설명 중 옳은 것은?

① 토지를 수용 또는 사용하여 사업을 시행하는 자는 4년 동안 허가 받은 목적대로 토지를 이용할 의무가 있다.

② 시장·군수 또는 구청장은 이용의무 위반행위가 있었던 날을 기준으로 1년에 한 번씩 그 이행명령이 이행될 때까지 반복하여 이행강제금을 부과·징수할 수 있다.

③ 토지거래계약 허가를 받아 토지를 취득한 자가 당초의 목적대로 이용하지 아니하고 방치한 경우에는 토지 취득가액의 100분의 7에 상당하는 금액의 이행강제금을 부과한다.

④ 시장·군수 또는 구청장은 이용의무 기간이 지난 후에도 이행강제금을 부과할 수 있다.

⑤ 이행강제금의 부과처분에 불복하는 자는 고지를 받은 날로부터 1개월 이내에 시장·군수·구청장에게 이의제기를 할 수 있다.

10-2 다음 「부동산 거래신고 등에 관한 법률」상의 토지이용의무와 이행강제금에 대한 설명 중 옳은 것은?

① 토지거래계약을 허가받은 자는 대통령령으로 정하는 사유가 있는 경우 외에는 토지 취득일부터 5년간 그 토지를 허가받은 목적대로 이용해야 한다.

② 이행명령을 문서로 하며 이행기간은 6개월 이내로 정하여야 한다.

③ 토지의 이용의무를 이행하지 않아 이행명령을 받은 자가 그 명령을 이행하는 경우에는 새로운 이행강제금의 부과를 즉시 중지하고, 명령을 이행하기 전에 이미 부과된 이행강제금을 징수해서는 안 된다.

④ 이행강제금 부과시 토지 취득가액은 실제거래가격으로 한다.

⑤ 토지거래계약 허가를 받아 토지를 취득한 자가 직접 이용하지 아니하고 임대한 경우에는 토지 취득가액의 100분의 5에 상당하는 금액을 이행강제금으로 부과한다.

Answer **10-1** ①   **10-2** ④

테마 11 포상금

출 | 제 | 포 | 인 | 트

1. 포상금 지급사유 🔒 거허목

	거짓신고	허가× 부정허가	목적 외 이용
1. 제재		2년 / 30%벌금	이행강제금 취득가액의 10% 이하
2. 지급조건 (적발 전 신고)	입증자료 제출 + 과태료 부과	공소제기 또는 기소유예	이행명령
3. 포상금	부과과태료 20% 1천만원 지급한도	50만원	50만원

🔒 거짓신고(취득가액의 100분의 10 이하의 과태료)

불구하고 거짓신고(3000과)

주택임대차 거짓신고(100과)

2. 포상금 지급

1. 포상금을 지급하지 아니할 수 있는 사유
   (1) 공무원 (2) 위반행위 관여자 (3) 익명 가명
2. 포상금 지급 사례
   (1) 2명 이상이 공동으로 신고 고발 − 균등 배분(단, 배분방법 합의한 경우)
   (2) 2명 이상이 각각 신고 고발 − 최초로 신고 고발한 자에 지급
3. 비용: 시·군·구 재원으로 충당   ※ 국고보조 ×
4. 지급기한
   신고관청 또는 허가관청은 신청서가 접수된 날부터 2개월 이내에 포상금을 지급하여야 한다.

3. 벌 칙

1. 2년/30% 벌금: 허가 × 변경허가 × 부정허가
2. 1년/1천: 허가취소 처분 또는 조치명령을 위반한 자

11-1 다음 「부동산 거래신고 등에 관한 법률」상의 포상금 제도에 관한 설명 중 옳은 것은?

① 주택임대차계약신고를 거짓으로 한 자를 신고한 자는 부과과태료의 20%를 포상금으로 지급한다.

② 해당 위반행위를 하거나 위반행위에 관여한 자가 신고하거나 고발한 경우에는 포상금을 지급하지 않는다.

③ 토지거래허가 받은 목적대로 이용하지 않은 자를 허가관청에 신고한 자에 대한 포상금은 허가관청이 이행강제금을 부과한 경우에 지급한다.

④ 신고관청 또는 허가관청은 신청서가 접수된 날부터 1개월 이내에 포상금을 지급하여야 한다.

⑤ 포상금의 지급에 드는 비용은 100분의 50 범위 내에서 국고에서 보조할 수 있다.

11-2 부동산 거래신고 등에 관한 법령상 포상금의 지급에 관한 설명으로 틀린 것을 모두 고른 것은?

> ㉠ 제11조 제1항에 따른 토지거래허가 또는 변경허가를 받지 아니하고 토지거래계약을 체결한 자를 신고 또는 고발한 자에 대한 포상금은 50만원이다.
> ㉡ 부동산 등의 실제 거래가격을 거짓으로 신고한 자를 신고하거나 고발한 자에 대해서는 부과되는 과태료의 100분의 10에 해당하는 금액을 포상금으로 지급한다. 이 경우에 지급한도액은 1천만원으로 한다.
> ㉢ 신고관청은 하나의 위반행위에 대하여 2명 이상이 각각 신고한 경우에는 포상금을 균등하게 배분하여 지급한다.

① ㉠   ② ㉠, ㉡

③ ㉠, ㉢   ④ ㉡, ㉢

⑤ ㉠, ㉡, ㉢

테마 12 ┃ 분묘기지권

출|제|포|인|트

1. 분묘기지권 성립

1. 성 립
   (1) 승 낙
   (2) 이장 특약 × (분묘기지권 성립한 날부터 지료 계산)
   (3) 시효취득 (지료 청구한 날부터 지료 계산)
2. 공시: 봉분의 형태 + 시신매장 - 평장× 암장× 가묘×
3. 귀속: 분묘의 수호관리자 / 종중묘지는 ① 종손 ② 종중

2. 분묘기지권 효력

1. 범위: 기지에 국한 되지 않고 주위 공지까지 미친다(개별적 구체적으로).
   🔒 사성이 조성되어 있는 경우에 반드시 사성부분까지 미치는 것은 아니다.
2. 권 능
   (1) 신설권능 없음(쌍분×, 단분×)
   (2) 이장권능 없음(원칙): 분묘기지권이 미치는 범위 안에서 원래의 분묘를 다른 곳으로 이장할 권능은 없다.
   (3) 이장권능 있음(예외): 집단 분묘(종중묘지) 분묘기지권의 범위가 포괄적으로 인정, 그 범위 안에서 이장해도 분묘기지권의 효력은 유지된다.
   (4) 비석 등 시설물의 규모나 범위가 분묘기지권이 미치는 범위 안에서 설치된 경우라면 토지 소유자는 토지소유권에 기해 방해배제청구할 수 없다.
3. 존속기한
   (1) 약 정
   (2) 약정 없으면 분묘 존속하고 관리 계속하는 동안 분묘기지권은 존속
   (3) 분묘가 멸실된 경우라도 유골이 존재하여 원상회복이 가능한 일시적 멸실인 경우에도 분묘기지권은 존속한다.
   (4) 분묘기지권은 권리포기 의사표시 이외에 점유까지 포기하여야 권리가 소멸하는 것은 아니다.
   (5) 단, 「장사 등에 관한 법률」이 시행된 이후에 설치된 분묘는 설치기간이 제한은 받는다.

12-1 다음 분묘기지권 및 「장사 등에 관한 법률」에 대한 설명으로 옳은 것은?

① 사성(무덤 뒤를 반달형으로 둘러쌓은 둔덕)이 조성되어 있다면 그 사성부분을 포함한 지역에까지 분묘기지권이 미친다.

② 분묘기지권에는 그 효력이 미치는 범위 안에서 원래의 분묘를 다른 곳으로 이장할 권능은 포함되지 않는다.

③ 분묘기지권을 시효로 취득한 경우, 분묘기지권자는 토지소유자가 지료를 청구하면 그 분묘기지권이 성립한 날부터 지료를 지급할 의무가 있다.

④ 「장사 등에 관한 법률」이 시행된 이후에 타인소유의 토지에 소유자의 승낙 없이 분묘를 설치한 경우에 20년간 평온·공연하게 그 분묘의 기지를 점유하면 분묘기지권은 인정된다.

⑤ 자기 소유 토지에 분묘를 설치한 자가 그 토지를 양도하면서 분묘를 이장하겠다는 특약을 하지 않음으로써 분묘기지권을 취득한 경우, 특별한 사정이 없는 한 토지소유자의 지료 청구가 있는 날로부터 지료를 지급할 의무가 있다.

12-2 개업공인중개사가 토지를 중개하면서 분묘기지권에 대해 설명한 내용으로 틀린 것을 모두 고른 것은? (다툼이 있으면 판례에 의함)

㉠ 분묘기지권이 인정되는 분묘가 멸실되었더라도 유골이 존재하여 분묘의 원상회복이 가능하고 일시적인 멸실에 불과하다면 분묘기지권은 소멸하지 않는다.

㉡ 분묘기지권의 존속기간은 지상권의 존속기간에 대한 규정이 유추적용되어 30년으로 인정된다.

㉢ 분묘기지권은 권리자가 의무자에 대하여 그 권리를 포기하는 의사표시를 하는 외에 점유까지도 포기해야만 그 권리가 소멸하는 것은 아니다.

㉣ 토지소유자의 승낙에 의하여 성립하는 분묘기지권의 경우 성립 당시 토지소유자와 분묘의 수호·관리자가 지료 지급의무의 존부에 관하여 약정을 하였다면 그 약정의 효력은 분묘 기지의 승계인에게 미친다.

---

① ㉠, ㉢   ② ㉡

③ ㉢, ㉣   ④ ㉠, ㉡, ㉢

⑤ ㉠, ㉡, ㉣

파이널 패스 100선 **27**

테마 13 장사 등에 관한 법률

출|제|포|인|트

1. 묘지

	개인 묘지 (＋배우자)	가족묘지 (＝친족관계)	종중묘지	(재단)법인묘지
절 차	사후신고 (30일 이내)	사전허가	사전허가	사전허가
1기당 면적	30m² 이하	1기당 점유면적 10m² 이하 (합장의 경우 15m² 이하)		
전체 면적	30m² 이하	100m² 이하	1,000m² 이하	10만m² 이상
설치 기간	① 30년(공설묘지, 사설묘지) ② 연장기간 － 30년 1회 한 정 ③ 연장기간 조례로 단축 － 5년 이상 30년 미만 ④ 합장분묘는 합장한 날부터 계산 ⑤ 설치기간 끝나면 1년 이내 철거하여 화장 또는 봉안 ▶「장사 등에 관한 법률」 시행 후 설치된 분묘는 설치기간의 제한은 받는다.			

🔒 매장 화장 개장

매 장	매장한 자는 30일 이내 사후신고	시신 화장×	1미터 이상
		화장 ○	30센티미터 이상
화장, 개장	화장, 개장하려는 자는 사전신고		

🔒 거리제한

	개인묘지	가족묘지	종중묘지	법인묘지
도로, 하천	200	200	300	300
학교 인가	300	300	500	500

🔒 「장사 등에 관한 법률」 시행 후 무단 설치된 분묘는 시효취득 ×

2. 자연장지

	개 인	가 족	종 중	법 인
절 차	조성 후 30일 이내 신고	사전신고	사전신고	사전허가
면 적	30m² 미만	100m² 미만	2,000m² 이하	종교 4만m² 이하 법인 5만m² 이상

13-1 다음 「장사 등에 관한 법률」의 내용을 설명한 것 중 틀린 것은 모두 몇 개인가?

> ㉠ 가족자연장지를 조성하려는 자는 미리 관할 시장 등의 허가를 받아야 한다.
> ㉡ 화장을 하려는 자는 화장시설을 관할하는 시장 등의 허가를 받아야 한다.
> ㉢ 종중묘지는 「민법」에 따라 친족관계였던 자의 분묘를 같은 구역 안에 설치하는 묘지를 말한다.
> ㉣ 설치기간을 계산할 때 합장 분묘인 경우에는 최초로 설치한 날을 기준으로 계산한다.
> ㉤ 공설묘지 및 가족묘지, 종중묘지 또는 법인묘지 안의 분묘 1기 및 당해 분묘의 상석, 비석 등 시설물의 설치구역 면적은 15m²를 초과할 수 없다.

① 1   ② 2   ③ 3   ④ 4   ⑤ 5

13-2 다음 「장사 등에 관한 법률」의 내용을 설명한 것 중 옳은 것은?

① 가족묘지는 「도로법」 제2조의 도로, 「철도산업발전 기본법」 제3조 제2호 가목의 철도의 선로, 「하천법」 제2조 제2호의 하천구역 또는 그 예정지역으로부터 300미터 이상 떨어진 곳이어야 한다.

② 시신 또는 화장하지 아니한 유골은 위생적으로 처리하여야 하며, 매장 깊이는 지면으로부터 1미터 이상이어야 한다.

③ 종중 문중 자연장지는 1,000m²를 초과할 수 없다.

④ 「민법」에 따라 설립된 사단법인은 법인묘지의 설치 허가를 받을 수 있다.

⑤ 시·도지사 또는 시장·군수·구청장은 관할 구역 안의 묘지의 수급을 위하여 필요하다고 인정되면 조례로 정하는 바에 따라 30년 미만의 기간 안에서 분묘의 설치기간의 연장 기간을 단축할 수 있다.

테마 14   농지법

출｜제｜포｜인｜트

1. 농지의 개념

1. 지목이 임야인 토지로서 산지전용허가를 거치지 않고 농작물의 경작 또는 다년생식물 재배에 이용되는 토지 － 농지×
2. 지목이 전 답 과수원이 아닌 토지는 농작물 경작기간이 3년 미만 － 농지×

2. 농업인

1. 1,000m² 이상 단, 330m² 이상(고정식온실 버섯재배사 비닐하우스)
2. 1년 중 90일 이상 농업에 종사. 단, 축산업은 120일 이상 종사
3. 연간판매액 120만원 이상

3. 농지소유 상한

1. 10,000m² 이내(① 상속 － 농업경영을 하지 않은 자 ② 8년 이상 농업경영 후 이농)
2. 1,000m² 미만(주말 체험 영농 목적으로 농지를 취득하는 자)

4. 농지취득자격증명

농지취득자격증명이 필요한 경우	농지취득자격증명이 필요 없는 경우
매매 증여 판결 법원경매, 농지전용허가 신고, 주말체험영농, 연구 실습	상속, 담보농지 취득, 농지전용 협의, 공유농지 분할, 시효완성, 국가 지자체가 취득 주거지역, 상업지역, 공업지역 내 농지취득

5. 농지취득자격증명 발급절차

1. 농업경영계획서 제출 ○ (원칙 ＝ 대부분)
2. 농업경영계획서 제출 × (시험 연구 실습 농지전용허가 농지전용신고)
3. 농지위원회 심의 대상: 투기성행 성행 우려 지역 농지 취득시
4. 발급기한
   (1) 농업경영계획서 주말체험영농계획서 제출하는 경우: 7일 이내
   (2) 농업경영계획서 면제되는 경우: 4일 이내
   (3) 농지위원회 심의 대상: 14일 이내
5. 농지 소유권이전등기 신청시 첨부
   농지취득자격증명은 법률행위의 효력발생 요건이 아니라 물권변동의 요건이다.

6. 주말 체험 영농

1. 경자유전의 원칙의 예외
2. 세대별 1,000m² 미만의 농지를 소유
3. 농지취득자격증명 ○
4. 주말체험영농계획서의 제출 ○ - 발급기한 7일
5. 거주지 제한이나 통작거리 제한은 없다.
6. 농업진흥지역 내 농지는 주말체험영농 목적으로 취득할 수 없다.
7. 농업인이 소유하고 있는 농지를 주말농장용으로 임대, 사용대 가능

7. 농지임대차

1. 서면계약 원칙
2. 대항력 : 시·구·읍·면장 확인 + 인도(다음 날)
3. 임대차기간 3년 이상(단, 다년생식물 5년 이상)
4. 기간 정하지 않거나 3년보다 짧은 경우 : 3년
5. 임차인은 3년 미만의 기간의 유효함을 주장할 수 있다.
6. 임대인은 질병, 징집 등 불가피한 사유가 있는 경우에는 3년 미만으로 정할 수 있다.
7. 임대인은 기간만료 3개월 전까지 갱신거절
8. 임대료 임대차기간 조정신청(⇨시장 군수 자치구청장)

8. 농지처분의무 등

1. 처분의무 : 농업경영에 이용하지 않는 경우, 주말체험영농을 하지 않은 경우, 농지전용허가 받고 2년 이내 목적 사업에 착수하지 아니한 경우에 1년 이내에 처분하여야 한다.
2. 처분명령 : 1년 이내 처분 안하면 시·군·구청장이 6개월 이내 처분할 것 명령
3. 이행강제금 : 처분명령 위반시 매년 토지가액의 25/100에 상당하는 금액의 이행강제금 부과한다.

▶ 토지거래허가 받으면 농지취득자격증명 받은 것으로 본다.

14-1 다음 「농지법」에 대한 설명 중 옳은 것은?

① 농지임대차계약은 그 등기가 없는 경우에도 임차인이 농지 소재지를 관할하는 시·구·읍·면장의 확인을 받고, 해당 농지를 인도 받은 경우에는 그 다음 날로부터 제삼자에 대하여 효력이 생긴다.

② 농지전용협의를 완료한 농지를 취득하는 경우 농지취득자격증명을 발급 받아야 한다.

③ 주말 체험 영농을 하려는 자는 세대원 구성원별로 1천m² 미만의 농지를 소유할 수 있다.

④ 지목이 전·답, 과수원이 아니면서 농작물경작 다년생식물 재배지로 계속 이용되는 기간이 5년 미만인 토지는 농지가 아니다.

⑤ 1천m² 이상의 농지에서 농작물 또는 다년생식물을 경작 또는 재배하거나 1년 중 120일 이상 농업에 종사하는 자를 농업인이라 한다.

14-2 「농지법」에 대한 개업공인중개사의 설명으로 옳은 것은?

① 주말 체험 영농 목적으로 농지를 취득하고자 하는 경우에 주말체험영농계획서를 제출하지 않아도 농지취득자격증명을 발급 받을 수 있다.

② 토지거래허가를 받은 경우에는 농지전용허가를 받은 것으로 본다.

③ 농지위원회의 심의 대상의 경우에는 14일 이내에 농지취득자격증명을 발급하여야 한다.

④ 농지를 취득한 자가 그 농지를 주말 체험 영농에 이용하지 아니하게 되었다고 시장·군수·구청장이 인정한 때에는 6개월 이내에 농지를 처분하여야 한다.

⑤ 시장·군수 또는 구청장의 농지처분명령을 이행하지 않으면 매년 토지가액의 20/100에 해당하는 이행강제금을 부과한다.

테마 15 　명의신탁

출|제|포|인|트

1. 명의신탁의 개념

1. 명의신탁 : 실제권리자 ⇨ 타인 명의로 등기(소유권 기타 물권), 채권×
2. 명의신탁이 아닌 경우(양도 가등기담보, 상호명의신탁, 신탁등기)

2. 금지되는 명의신탁

1. 사법상 효력 : 명의신탁약정 무효 / 그에 따른 물권변동 무효
   단, 계약명의신탁(매도인 선의), 제3자의 물권변동은 유효
2. 공법상 제재
   (1) 벌칙 : ① 신탁자(5년 / 2억) ② 수탁자(3년 / 1억)
   (2) 과징금 : 부동산평가액의 100분의 30에 해당하는 금액의 범위 안에서
   (3) 이행강제금 : 1년 이내 실명전환× 10%, 다시 1년 이내 실명전환× 20%

3. 중간생략형명의신탁

甲(매도인)
↓　　　　↘　　　　　　횡×
乙(신탁자)　→　丙(수탁자)　→　丁 (제3자)

1. 명의신탁약정(乙과 丙)은 무효 2. 소유권이전 등기(甲과丙)는 무효
3. 그러나 매매계약(甲와 乙)은 유효, 甲에게 이전등기청구권 행사
4. **신탁자(乙)는 수탁자(丙)에게 부당이득반환청구권 행사 ×**

4. 계약명의신탁

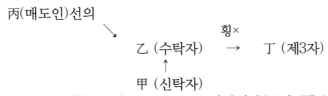

丙(매도인)선의
　　　　↘　　　　　　횡×
　　　乙 (수탁자)　→　丁 (제3자)
　　　　↑
　　　甲 (신탁자)

1. 명의신탁약정(甲과 乙)은 무효　2. 매매계약(乙과 丙)은 유효
3. 소유권이전등기(乙과 丙)는 丙이 명의신탁약정을 모르는 경우 유효
4. 신탁자는 수탁자에게 매수자금에 대해 부당이득반환청구 가능

5. 허용되는 명의 신탁(특례)

종중, (법률상)배우자, 종교단체 + 조세포탈, 강제집행의 면탈 등 목적 ×

15-1 甲은 乙과 乙 소유의 X부동산의 매매계약을 체결하고, 친구 丙과의 명의신탁약정에 따라 乙로부터 바로 丙 명의로 소유권이전등기를 하였다. 이와 관련하여 개업공인중개사가 甲과 丙에게 설명한 내용으로 틀린 것을 모두 고른 것은? (다툼이 있으면 판례에 따름)

> ㉠ 甲과 丙간의 약정이 조세포탈, 강제집행의 면탈 또는 법령상 제한의 회피를 목적으로 하지 않은 경우 명의신탁약정은 무효이지만 그 등기는 유효하다.
> ㉡ 甲과 乙 사이의 매매계약은 유효하므로 甲은 乙을 상대로 소유권이전등기를 청구할 수 있다.
> ㉢ 丙이 소유권을 취득하고 甲은 丙에게 대금 상당의 부당이득반환청구권을 행사할 수 있다.
> ㉣ 丙이 X부동산을 제3자에게 처분한 경우 제3자는 명의신탁사실을 알고 있다고 해도 소유권을 취득한다. 다만, 丙은 甲과의 관계에서 횡령죄가 성립한다.

① ㉠, ㉢   ② ㉠, ㉣   ③ ㉡, ㉢
④ ㉠, ㉢, ㉣   ⑤ ㉡, ㉢, ㉣

15-2 甲과 친구 乙은 乙을 명의수탁자로 하는 계약명의신탁약정을 하였고, 이에 따라 乙은 2017. 10. 17. 丙소유 X토지를 매수하여 乙명의로 등기하였다. 이 사안에서 개업공인중개사가 「부동산 실권리자명의 등기에 관한 법률」의 적용과 관련하여 설명한 내용으로 옳은 것은? (다툼이 있으면 판례에 따름)

① 甲과 乙의 위 약정은 무효이지만 丙이 명의신탁사실을 알지 못한 경우에는 명의신탁약정은 유효하다.
② 甲과 乙의 위 약정을 丙이 알지 못한 경우, 甲은 X토지의 소유권을 취득한다.
③ 甲과 乙의 위 약정을 丙이 안 경우에는 乙이 X토지의 소유권을 취득한다.
④ 甲과 乙의 위 약정을 丙이 알지 못한 경우 乙이 X토지를 제3자 丁에게 처분한 경우에 횡령죄가 성립하지 않는다.
⑤ 甲은 명의신탁사실이 적발된 경우에는 당해 부동산가액의 30%에 해당하는 과징금을 부과 받는다.

테마 16	집합건물법

출|제|포|인|트

1. 구분소유권 전유부분을 목적으로 하는 소유권

1. 전유부분 : 구분소유권의 목적인 건물 부분
2. 공용부분 : 전유부분 외 건물부분
   (1) 구조상 고용부분(등기불요) (2) 규약상 공용부분(공용부분 취지 등기 필요)
3. 공용부분의 귀속 : 구분소유자의 공유(전유부분 면적 비율)
4. <u>전유부분과 공용부분에 대한 지분의 일체성</u>
   (1) 공용부분은 전유부분의 처분에 따른다. 공용부분에 대한 득실변경 등기 불요
   (2) 전유부분과 분리하여 공용부분에 대한 지분 처분 ×
5. 대지 및 대지 사용권
   (1) 대지 : 1동 건물이 있는 토지
   (2) 대지사용권 : 전유부분을 소유하기 위한 건물 대지에 대하여 가지는 권리
   (3) <u>전유부분과 대지사용권의 일체성</u>
      전유부분과 분리하여 대지사용권을 처분할 수 없다. 단, 규약으로 정한 경우에는
      분리 처분가능
      ① 규약이 정한 경우가 아니라면 대지사용권만이 처분행위는 경매의 경우에도
         무효이다.
      ② 전유부분에 대한 저당권에 대한 효력은 사후에 취득한 대지사용권에도 미친다.
      ③ 구분소유자 아닌 자가 집합건물의 대지에 대하여 가지고 있는 권리는 분리처
         분 가능하다.

2. 구분소유자 권리 의무

1. 전유부분에 대한 의무
   (1) 보존에 해로운 행위 × 공동의 이익에 어긋나는 행위 ×
   (2) 자기의 전유, 공용부분을 보존 개량하기 위해서 다른 구분소유자의 전유 공용부
      분을 사용청구할 수 있다(단, 손해가 발생한 경우에는 보상).
2. 공용부분
   (1) 사용(용도에 따라)
   (2) 관리비용 부담(지분비율)
   (3) 관리(구분소유자 과반수 + 의결권 과반수)
   (4) 보존행위(공유자 각자)
      아파트 특별승계인 – 공용부분에 대한 채권 승계, 체납관리비 중 공용부분은 승
      계(단, 연체료 승계 ×)

3. 집합건물의 관리

1. 관리단(비법인사단) : 구분소유자 전원구성 / 건물 대지 부속시설 관리
2. 관리인 선임
   (1) 구분소유자 10인 이상
   (2) 관리단 대표
   (3) 관리단 사무집행
   (4) 구분소유자 아니어도 관리인 가능
   (5) 임기 2년
3. 관리위원회(위원) : 구분소유자 / 관리인× / 2년
4. 규약 설정 변경 폐지
   구분소유자 4분의 3 이상 + 의결권의 4분의 3 이상 + 영향 받는 그 구분소유자의 승낙
5. 관리단집회
   (1) 의결권 : 지분비율
   (2) 의결권 행사방법 : 구분소유자 과반 + 의결권 과반

4. 재건축 및 복구

1. 재건축결의 : 구분소유자 5분의 4 + 의결권의 5분의 4
2. 재건축 결의사항
   (1) 새건물 설계
   (2) 철거 건축비용
   (3) 비용부담
   (4) 새건물 귀속
3. 복 구
   (1) 건물 가격 2분의 1 이하 멸실 복구 : 각 구분소유자
   (2) 건물 가격 2분의 1 초과 멸실 복구 : 구분소유자 5분의 4 + 의결권 5분의 4 이상

16-1 개업공인중개사가 아파트를 매수하려는 의뢰인에게 「집합건물의 소유 및 관리에 관한 법률」의 내용에 관하여 설명한 것으로 옳은 것은?

① 관리단집회에서 의결권은 규약에 특별한 규정이 없으면 12조에 규정된 지분비율에 따른다.

② 구분소유자는 그 전유부분을 개량하기 위하여 필요한 범위에서 다른 구분소유자의 전유부분의 사용을 청구할 수 없다.

③ 구분소유자가 10인 이상인 경우에는 구분소유자 중에서 관리단을 대표하고 관리단의 사무를 집행할 관리인을 선임하여야 한다.

④ 공용부분의 공유자가 공용부분에 관하여 다른 공유자에 대하여 가지는 채권은 그 특별승계인에 대하여 행사할 수 없다.

⑤ 공용부분의 보존행위는 구분소유자 과반수 및 의결권의 과반수로 결정한다.

16-2 개업공인중개사가 집합건물의 매매를 중개하면서 설명한 내용으로 옳은 것은? (다툼이 있으면 판례에 따름)

① 아파트의 특별승계인은 전 입주자의 체납관리비 중 전유부분에 관하여 승계한다.

② 공용부분의 각 공유자는 규약에 달리 정한 바가 없으면 그 지분의 비율에 따라 공용부분의 관리비용을 부담한다.

③ 전유부분만에 설정된 저당권은 특별한 사정이 없는 한 그 전유부분의 소유자가 사후에 취득한 대지사용권에는 미치지 않는다.

④ 규약으로써 달리 정한 경우에도 구분소유자는 그가 가지는 전유부분과 분리하여 대지사용권을 처분할 수 없다.

⑤ 공용부분의 각 공유자는 공용부분을 지분의 비율로 사용할 수 있다.

테마 17　주택임대차보호법

출|제|포|인|트

1. 적용범위

1. 일시사용을 위한 임대차 ×　담보목적 ×
2. 법인 × (단, 예외○) LH공사 중소기업　3. 미등기전세계약 ○

2. 최단존속기간

1. 2년(단, 임차인은 2년 미만으로 정한 기간의 유효 주장 가능)
2. 갱신거절 - 임대인(6개월 ~ 2개월) 임차인(~ 2개월)
   갱신거절 안 하면 묵시적 갱신 - 계약기간은 2년으로 본다.
3. 단, 임차인은 언제든지 해지통보 할 수 있다(3개월 후 효력발생).

3. 계약갱신요구권

1. 임대차기간이 끝나기 6개월 전 ~ 2개월 전까지 갱신요구(1회 한함)
2. 갱신되면 전 임대차와 동일한 조건으로 다시 계약한 것으로 본다.
3. 단, 임대차기간은 2년
4. 보증금 월세 증감 청구가능, 5% 초과 증액 ×, 5% 초과 감액 ○
5. 갱신된 경우에도 임차인은 언제든지 해지 통지 할 수 있다.
   단, 해지 통지의 효력은 3개월 후에 효력 발생한다.

4. 계약갱신요구 거절사유

1. 2기의 차임을 연체한 사실이 있는 경우　　🔒2기 차임 연체액에 달한 때(×)
2. 부정 임차　3. 상당 보상　4. 무단 전대(전부 / 일부)
5. 파손 (전부 /일부), (고의 / 중과실)
6. 멸실 (전부 / 일부) + 목적 달성 ×
7. (전부 또는 대부분) 철거 또는 재건축　　🔒증축 ×
8. 현저한 의무 위반
9. 임대인이 목적 주택에 실거주하려는 경우 <u>직계존속 직계비속 포함</u>
   ⇨ 정당한 사유없이 제3자에게 임대한 경우에는 손해배상책임을 진다.

5. 대항력　(인도 + 전입신고) 다음날 0시

1. 경매의 경우에 선순위 담보물권 등이 없어야 한다.
2. 단독주택 다가구주택(지번), 다세대주택(지번 + 동 호수)

6. 우선변제권 [인도 + 전입신고] + 확정일자

1. 경공매시 후순위권리자 기타 일반채권자보다 우선 배당 받을 권리
2. [인도 + 전입신고] + 확정일자 (등기소, 공증사무소, 동사무소) + 배당요구
3. 확정일자(1.4) + [인도 + 전입] (1.5) ⇨ 1.6 0시에 우선변제권 발생
4. 강제경매 신청시 반대의무의 이행은 집행개시의 요건이 아니다.
5. 임차인이 전세권등기까지 한 경우에 대항요건을 상실하면 「주택임대차보호법상」의 대항력과 우선변제권은 상실한다.
6. 금융기관의 우선변제권 승계
   (1) 금융기관은 우선변제권을 행사하기 위해 임대차 해지 ×
   (2) 임차권 등기명령신청 대위 행사 ○
7. 임차권은 경매가 행하여진 경우에는 임차주택의 경락에 따라 소멸한다. 다만, 보증금이 모두 변제되지 아니한 대항력이 있는 임차권은 소멸하지 않는다.

7. 최우선변제권 (인도 + 전입신고) + 소액

1. 경공매시 보증금 중 일정액을 다른 권리자보다 우선변제 받을 권리
2. 경매등기전에 대항요건을 갖추어야 한다.
3. 선순위 저당권설정등기일를 기준으로 소액여부, 보증금 중 일정액을 판단한다.
4. 소액임차인이 다수인 경우에 보장 받는 금액은 주택가액의 1/2 초과 ×

8. 임차권등기명령신청제도

1. 임대차관계 종료 + 보증금 반환 × ⇨ 단독으로 임차권등기명령신청
2. 신청 및 등기비용은 임대인에게 청구 ○
3. 임차권등기 경료시 대항력 우선변제권 취득 또는 유지
4. 보증금반환의무가 임차권등기말소의무보다 선이행의무
5. 경매등기 전 임차권등기한 임차인은 별도의 배당요구 없어도 배당 ○
6. 임차권등기명령신청에 의한 임차권등기 이후의 소액임차인은 최우선변제권×

9. 기 타

1. 차임등 증액제한 (1/20 초과 ×) 단, 종료 후 재계약의 경우에 증액제한 없음
2. 월세로 전환시 산정률 제한
   연 10%와 기준금리에 2% 더한 비율 중 낮은 비율
3. 정보제공 요청
   (1) 이해관계인 (2) 임대차계약을 체결하려는 자(임대인의 동의 필요)
4. 임대인의 정보제시 의무 : (1) 확정일자부여일 등   (2) 납세증명서
5. 해지사유 : 2기의 차임 연체액에 달한 때

17-1 甲소유의 X주택을 乙에게 임대하는 계약을 중개하면서 양 당사자에게 설명한 것으로 옳은 것은?

① 乙이 X주택에 대한 임대차계약을 2년으로 계약한 경우에 임대차기간 만료 6개월에서 1개월 전까지 甲에게 계약의 갱신을 요구할 수 있다.

② 임차인 乙이 대항요건을 갖춘 경우에는 선순위 저당권에 의하여 경매가 실행된 경우에 보증금을 모두 변제 받을 때까지 임차권의 존속을 주장할 수 있다.

③ 乙이 보증금 중 일정액의 우선변제를 받기 위해서는 주택에 대한 경매신청의 등기 전에 대항요건과 확정일자를 갖추어야 한다.

④ 乙은 임대차계약을 체결하려는 자는 임대인의 동의 없이도 확정일자 부여기관에 확정일자 부여일 등의 정보제공을 요청할 수 있다.

⑤ 甲은 2년의 임대차기간이 만료하여 乙이 계약갱신요구를 한 경우에 보증금을 1/20을 초과하여 증액할 수 없다.

17-2 개업공인중개사가 보증금 1억 2천만원으로 주택임대차를 중개하면서 임차인에게 설명한 내용으로 옳은 것은? (다툼이 있으면 판례에 따름)

① 임대차계약 당사자가 기존 채권을 임대차보증금으로 전환하여 임대차계약을 체결하였다면 임차인이 같은 법 제3조 제1항 소정의 대항력을 갖지 못한다.

② 대항력을 갖춘 임차인은 저당권설정등기 이후 증액된 임차보증금에 관하여는 저당권에 기해 주택을 경락받은 소유자에게 대항할 수 있다

③ 확정일자는 먼저 받은 후 주택의 인도와 전입신고를 하면 그 신고일이 저당권설정등기일과 같아도 배당에서 임차인이 저당권자에 우선한다.

④ 보증금반환채권을 양수한 금융기관 등은 임차인을 대위하여 임차권등기명령 신청을 할 수 있다.

⑤ 임차인이 별도로 전세권설정등기를 마쳤다면 세대원 전원이 다른 곳으로 이사를 가더라도 이미 취득한 「주택임대차보호법」상의 대항력은 유지된다.

17-3 개업공인중개사가 「주택임대차보호법」상 계약갱신요구권에 대한 설명 중 틀린 것을 모두 고른 것은? (다툼이 있으면 판례에 따름)

> ㉠ 우선변제권을 승계한 금융기관 등은 임차인이 대항요건을 상실한 경우에도 우선변제권을 행사할 수 있다.
> ㉡ 임차인의 계약갱신요구가 있는 경우에 임대인의 직계비속, 직계존속, 형제자매가 목적 주택에 실제 거주하려는 경우에 임차인의 갱신요구를 정당하게 거절할 수 있다.
> ㉢ 임차인이 계약갱신 요구한 경우에 임대차기간은 2년으로 본다. 따라서 임차인을 도중에 임대차계약을 해지할 수 없다.

① ㉠   ② ㉡   ③ ㉠, ㉢
④ ㉡, ㉢   ⑤ ㉠, ㉡, ㉢

17-4 다음의 보기 가운데 「주택임대차보호법」에 대한 설명 중 옳은 것을 모두 고른 것은? (다툼이 있으면 판례에 따름)

> ㉠ 임대차계약을 체결할 때 임대인은 「국세징수법」 제108조에 따른 납세증명서 및 「지방세징수법」 제5조 제2항에 따른 납세증명서를 임차인에게 제시하여야 한다.
> ㉡ 임차인이 임차주택에 대하여 보증금반환청구소송의 확정판결에 따라 경매를 신청하는 경우 반대의무의 이행이나 이행의 제공은 집행개시의 요건이다.
> ㉢ 임차권등기명령의 집행에 따른 임차권등기가 끝난 주택을 그 이후에 임차한 임차인은 보증금 중 일정액을 다른 담보물권자보다 우선하여 변제받을 권리가 없다.
> ㉣ 채권담보 목적으로 임대차계약의 형식을 빌린 경우에는 「주택임대차보호법」상의 적용이 없다.

① ㉠, ㉡   ② ㉠, ㉢, ㉣
③ ㉠, ㉡, ㉢   ④ ㉠, ㉡, ㉢, ㉣
⑤ ㉡, ㉢

테마 18 　상가건물임대차보호법 (Ⅰ)

출 | 제 | 포 | 인 | 트

1. 적용범위 법인도 적용됨, 광역시 내 군지역은 기타지역 적용

1. 사업자등록 대상이 되는 영업용 상가건물 임대차 🔐 종친회사무실 × 동창회사무실 ×
2. 대통령령이 정한 일정보증금 규모 이하 🔐 월세 × 100
   (1) 서울(9억원 이하) (2) 과밀 부산(6억 9천만원 이하)
   (3) 광역 세종 파주 등(5억 4천만원 이하) (4) 기타(3억 7천만원 이하)
3. 일시사용을 위한 임대차 ×　4. 관 제조 가공 등 사실행위만 하는 공장, 창고 ×

2. 최단존속기간 1년(단, 임차인은 1년 미만으로 정한 기간의 유효를 주장할 수 있다.)

3. 계약갱신요구권 적용보증금 규모를 초과 임차인도 갱신요구권 있음

1. 임차인이 기간만료 전 6개월부터 1개월까지 계약 갱신요구할 수 있다.
2. 갱신기간은 '최초의 임대차기간'을 포함하여 10년을 초과하지 못한다.
3. 갱신된 임대차는 전 임대차와 동일한 조건(다만, 증액은 5% 초과 증액 ×)
4. 임대인의 동의 얻은 전차인은 임차인을 대위해서 갱신요구권을 할 수 있다.

4. 갱신거절사유

1. 3기의 차임 연체한 사실이 있는 경우
2 ~ 8. 주택의 거절사유와 동일

5. 대항력 등

1. 대항력 : 인도 + 사업자등록 신청한 다음 날 (적용보증금 초과해도 대항력○)
   (1) 일부 임대차 - 도면첨부
   (2) 폐업 후 다시 사업자등록을 하면 대항력은 존속한다고 볼 수 없다.
2. 우선변제권 : [인도 + 사업자등록] + 확정일자 (관할 세무서장)
3. 최우선변제권 : [인도 + 사업자등록] + 소액　　🔐 건물가격 1/2범위 내
4. 등록사항 등의 정보제공요청 ⇨ 관할세무서장
   (1) 이해관계인　(2) 임대차계약을 체결하려는 자(임대인의 동의 필요)
5. 월세로 전환시 산정률 제한
   연 12%와 기준금리 4.5배수를 곱한 비율 중 낮은 비율
6. 임차권등기명령신청제도
7. 해지사유 - 3기의 차임연체액이 달한 때

18-1 개업공인중개사가 임대인 甲과 임차인 乙 사이에 서울의 보증금 5천원, 월차임 1백만원으로 하여 「상가건물 임대차보호법」이 적용되는 상가건물의 임대차를 중개하면서 설명한 내용으로 옳은 것은?

① 乙은 임대차기간이 만료되기 1개월 전까지 甲에게 전체 임대차기간이 10년을 초과하지 아니하는 범위에서만 계약갱신요구를 할 수 있다.

② 乙이 甲의 동의 없이 건물의 일부를 전대한 경우 甲은 乙의 계약갱신요구를 거절할 수 있다.

③ 乙의 차임연체액이 2백만원에 이르는 경우 임대인은 계약을 해지할 수 있다.

④ 상가건물에 대한 경매개시 결정등기 전에 乙이 건물의 인도와 「부가가치세법」에 따른 사업자등록을 신청한 때에는, 보증금 5천만원을 선순위 저당권자보다 우선변제 받을 수 있다.

⑤ 甲과 乙이 임대차기간을 6개월로 정한 경우에는 甲은 그 기간의 유효함을 주장할 수 있다.

18-2 상가건물임대차에 대한 다음 설명 중 옳은 것은?

① 부산에서 보증금 1억원에 월세 600만원인 상가임차인은 확정일자를 받은 경우에 경매 배당에서 우선변제 받을 수 있다.

② 단순히 상품의 보관·제조·가공 등 사실행위만이 이루어지는 공장·창고 등은 「상가건물 임대차보호법」 적용대상인 상가건물에 해당하지 않는다.

③ 임대인의 동의를 받고 전대차계약을 체결한 전차인은 임차인의 계약갱신요구권 행사기간 이내에 직접 임대인에게 계약의 갱신을 요구할 수 있다.

④ 상가건물임대차에 이해관계가 있는 자는 관할 시장·군수 또는 구청장에게 해당 상가건물의 확정일자 부여일 등 정보의 제공을 요청할 수 있다.

⑤ 임차 목적건물의 일부를 증축하는 경우에도 임대인은 임차인의 계약갱신요구를 거절할 수 있다.

테마 19 상가건물임대차보호법 (2)

출|제|포|인|트

1. 권리금 / 권리금계약 대규모 준대규모 국유 공유 – 적용× (단, 전통시장은 적용 ○)

1. 권리금이란 영업과 관련된 유형·무형의 재산적 가치의 양도 또는 이용대가로서 임대인, 임차인에게 보증금과 차임 이외에 지급하는 금전 등의 대가를 말한다.
2. 권리금계약이란 신규임차인이 되려는 자가 임차인에게 권리금을 지급하기로 하는 계약

2. 권리금회수 기회보장 6개월 전부터 임대차 종료시까지

임대인은 임차인이 주선한 신규임차인과의 임대차계약을 체결하여야 한다. (원칙)

1. 임대인의 권리금회수 방해행위 ⇨ 손해배상책임
   (1) 권리금을 요구하거나 수수하는 행위
   (2) 임차인에게 권리금을 지급하지 못하게 하는 행위
   (3) 현저히 고액의 차임과 보증금을 요구하는 행위
   (4) 그 밖에 정당한 사유 없이 임대차계약의 체결을 거절하는 행위
2. 손해배상책임
   (1) 손해배상액은 신규임차인이 임차인에게 지급하기로 한 권리금과 임대차 종료 당시의 권리금 중 낮은 금액을 넘지 못한다.
   (2) 소멸시효: 임대차가 종료한 날부터 3년 이내

3. 임대인의 거절사유 예외

1. 임차인이 보증금 또는 차임을 지급할 자력이 없는 경우
2. 임차인으로서의 의무를 위반할 우려, 임대차를 유지하기 어려운 상당한 사유가 있는 경우
3. 상가건물을 1년 6개월 이상 영리목적으로 사용하지 아니한 경우
4. 임대인이 선택한 신규임차인이 임차인과 권리금계약을 체결한 경우
5. 갱신요구 거절 사유 8가지

▶ 권리금표준계약서 – 국토교통부장관
  상가임대차표준계약서 – 법무부장관
▶ 적용보증금 규모를 초과한 경우에도 적용되는 경우 ▶ 3표차로 대권갱신했다.

1. 3기 연체시 해지 2. 표준계약서
3. 대항력 4. 권리금 보장 규정 5. 계약의 갱신요구권

19-1 개업공인중개사 甲이 상가임차인 乙이 자신이 운영했던 서울특별시 내의 점포를 신규임차인 丙에게 권리금 1억원에 양도하는 권리금계약체결을 알선했다. 이후에 임대인 丁과 임대차계약 체결을 앞두고 있다. 관련 내용 설명 중 옳은 것은?

① 丁은 임대차기간이 끝나기 6개월 전부터 1개월 전까지 乙이 주선한 丙과의 임대차계약을 정당한 사유 없이 거절할 수 없다.

② 만약 丁이 乙이 알선한 丙에게 乙에게 권리금을 지급하지 못하게 하는 행위를 한 경우에는 丁은 乙에게 손해배상책임을 진다.

③ ②의 경우에 丁은 乙에게 乙이 받기로 한 권리금 1억원을 손해배상 해주어야 한다.

④ 丁과 乙의 기존임대차계약 조건이 보증금 2억원에 월세 800만원인 경우에 乙이 丁에게 丙을 주선한 경우에 정당한 사유가 없어도 丁은 丙과의 임대차계약을 거절할 수 있다.

⑤ 임대인 丁은 임대차 목적물인 상가건물을 1년 이상 영리목적으로 사용하지 아니한 경우에는 乙이 주선한 丙과의 임대차계약 체결을 거절할 수 있다.

19-2 권리금계약과 손해배상책임에 대한 설명 중 옳은 것은?

① 권리금 계약이란 신규임차인이 되려는 자가 임대인에게 권리금을 지급하기로 하는 계약을 말한다.

② 법무부장관은 국토교통부장관과 협의를 거쳐 임차인과 신규임차인이 되려는 자가 권리금 계약을 체결하기 위한 표준권리금계약서를 정하여 그 사용을 권장할 수 있다.

③ 임대인의 손해배상액은 신규임차인이 임차인에게 지급하기로 한 권리금과 임대차 종료 당시의 권리금 중 높은 금액을 넘지 못한다.

④ 상가건물을 임차하고 사업자등록을 한 임차인이 폐업신고를 하였다가 다시 같은 상호 및 등록번호로 사업자등록을 했다면 기존의 대항력은 존속된다.

⑤ 국유재산, 공유재산, 대규모점포, 준대규모점포는 권리금보장규정의 적용이 없다.

Answer 19-1 ② 　 19-2 ⑤

테마 20 ┃ 법원경매

출 | 제 | 포 | 인 | 트

1. 경매신청 (경매등기) 🔒 경매등기 또는 송달된 때 압류에 효력 발생

1. 강제경매(집행권원○)   2. 임의경매 (집행권원×)

2. 배당요구의 종기 결정 공고 배당요구의 종기는 첫 매각기일 이전

3. 매각준비

4. 매각공고 (매각기일 2주 전에 매각공고)

5. 매각실시 (매각기일)

1. 방법 : 기일입찰, 호가경매, 기간입찰
2. 매수신청 못하는 자 : 채무자, 참여 집행관, 재매각절차의 전 매수인
   🔒 그러나 채무자의 가족, 채권자, 물상보증인은 입찰 참여가 가능하다.
3. 매수신청보증금 : 최저매각가격의 10분의 1(현금, 자기앞수표, 지급보증위탁계약문서)
4. 최고가매수신고인결정
   차순위매수신고인 결정(최고가에서 보증금을 뺀 금액을 넘어야)
5. 유찰시 ⇨ 새매각, 저감 ○
6. 공동입찰신고제
7. 매수신고가 있은 뒤에도 경매신청을 취하하면 압류의 효력은 소멸한다.
   다만, 최고가매수신고인과 차순위매수신고인의 동의가 필요하다.

6. 매각허부결정 (매각결정기일) 🔒 매각기일로부터 1주일 이내

1. 매각허가 ⇨ 항고(1주 이내)
   (1) 항고보증금 공탁, 매각대금의 10분의 1, 금전 법원이 인정하는 유가증권
   (2) 기각시 채무자 소유자는 전액 몰수, 그 외의 자는 이자 몰수
2. 매각불허가 ⇨ 항고(1주 이내)
   (1) 항고보증금 공탁 × (2) 농지의 경우에 농지취득자격증명을 매각결정기일까지 제출
   (3) 매각불허가결정 ⇨ 새매각, 저감 ×

7. 대금납부 ⇨ 재매각, 저감 ×

1. 대금지급기한 2. 납부즉시 소유권 취득 3. 납부 안하면 재매각, 저감 ×

▶ 대금납부 × : 보증금 몰수, 재입찰 ×

8. 배 당

9. 이전등기

10. 인 도 (대금 납부 후 6월 이내 인도명령 신청)

20-1 다음은 「민사집행법」에 근거한 법원경매절차 등에 관한 설명이다. 옳은 것은?

① 경매신청에 따른 압류의 효력은 채무자에게 경매개시결정이 송달된 때 또는 그 결정이 등기된 때 발생한다.

② 배당요구에 따라 매수인이 부담하여야 할 부담이 바뀌는 경우에는 배당요구를 한 채권자는 배당요구의 종기가 지난 뒤에도 철회할 수 있다.

③ 배당요구의 종기는 첫 매각기일 이후로 법원이 정하여 공고한다.

④ 매각기일 및 매각결정기일의 공고는 매각기일의 1주일 전에 공고하여야 한다.

⑤ 매수신고가 있은 후에는 경매신청을 취하해도 압류의 효력이 소멸되지 않는다.

20-2 다음 법원경매에 대한 설명 중 틀린 것으로 모두 묶인 것은?

> ㉠ 법원의 매각허가결정에 이의가 있는 이해관계인은 2주일 이내에 항고하여야 한다.
> ㉡ 허가할 매수가격의 신고가 없이 매각기일이 최종적으로 마감된 때에는 법원은 최저매각가격을 상당히 낮추고 재매각기일을 정하여야 한다.
> ㉢ 매각허가결정에 대한 채무자 또는 소유자의 항고가 기각된 경우에는 채무자 또는 소유자는 보증의 반환을 청구할 수 없다.
> ㉣ 매각허가결정을 받은 매수인은 대금지급기일에 대금을 납부하여야 한다.

① ㉠, ㉡, ㉣   ② ㉡, ㉢, ㉣   ③ ㉢, ㉣

④ ㉠, ㉡, ㉢   ⑤ ㉠, ㉡

20-3 최저매각가격을 1억원으로 정하였다. 기일입찰로 진행되는 이 경매에서 매수신청을 하고자 하는 중개의뢰인 甲에게 개업공인중개사가 설명한 내용으로 옳은 것은?

① 甲이 1억 2천만원에 매수신청을 하려는 경우, 법원에서 달리 정함이 없으면 1천 2백만원을 보증금액으로 제공하여야 한다.

② 1억 5천만원의 최고가매수신고인이 있는 경우, 법원에서 보증금액을 달리 정하지 않았다면 甲이 차순위매수신고를 하기 위해서는 신고액이 1억 4천만원을 넘어야 한다.

③ 甲이 차순위매수신고인인 경우 매각기일이 종결되면 즉시 매수신청의 보증을 돌려줄 것을 신청할 수 있다.

④ 甲이 1억 5천만원에 최고가매수인이 되고 매각허가결정을 받은 경우에 임차인이 항고하기 위해서는 1천만원을 현금이나 법원이 인정하는 유가증권으로 공탁하여야 한다.

⑤ 甲이 최고가 매수신고인이라면 1억 5천만원을 법원에 납부하면 대금지급기한이 만료된 때 소유권을 취득한다.

테마 21 권리분석

출|제|포|인|트

1. 말소기준권리

⇨ 지상권 지역권 전세권 임차권 보전가등기(인수)		단, 전세권자가 배당요구하면 소멸
말소기준권리	경매등기, 담보가등기, (근)저당권, (가)압류등기	🔒 말소기준권리는 항상 소멸 🔒 매각부동산 위의 모든 저당권은 매각으로 소멸
⇨ 지상권 지역권 전세권 임차권보전가등기(소멸)		단, 유치권 인수 (압류 효력 전 점유개시)

2. 권리분석 내용

1. 지상권, 지역권, 전세권 및 등기된 임차권은 저당권, 압류채권, 가압류채권에 대항할 수 없는 경우에는 매각으로 소멸된다.
2. 매수인은 유치권자에게 그 유치권으로 담보하는 채권을 변제할 책임이 있다.
3. 매수인에게 대항하려면 유치권자의 점유가 압류의 효력 발생 전에 개시되어야 한다.
4. 전세권은 저당권, 압류채권, 가압류채권에 대항할 수 있는 경우에도 전세권자가 배당요구하면 매각으로 소멸된다.

21-1 다음 경매의 권리분석에 대한 설명 중 옳은 것은?

① 지상권, 지역권, 전세권 및 등기된 임차권은 저당권, 압류채권, 가압류채권에 대항할 수 없는 경우에는 매각으로 소멸되지 않는다.

② 전세권은 저당권, 압류채권, 가압류채권에 대항할 수 있는 경우에는 배당요구 한 경우에도 매각으로 인하여 소멸되지 않는다.

③ 등기부에 최선순위 권리인 저당권 앞에 압류등기가 되어 있는 경우에는 압류 등기는 매수인이 인수하여야 한다.

④ 선순위담보물권이 있는 경우라도 경매개시결정등기보다 앞선 제3자의 권리는 인수하여야 한다.

⑤ 압류의 효력이 발생한 이후의 경매 목적물의 점유를 취득한 유치권자는 매수 인에게 대항할 수 없다.

테마 22 매수신청대리인

출|제|포|인|트

1. 등록요건 매수신청대리인 등록 장소 : 관할 지방법원장(14일 이내)

1. 개업공인중개사이거나 법인인 개업공인중개사일 것(부칙 개공 × 소공 × 공인중개사 ×)
2. 경매실무교육을 이수하였을 것
   (1) 법인개공(대표자) (2) 법원행정처장이 지정하는 교육기관(협회, 학교)
   (3) 교육과목별 평가 포함 (4) <u>32시간 이상 44시간 이내</u>
3. 보증설정 하였을 것
   (1) 공인중개사 - 2억원 이상 (2) 법인개공 - 4억원 이상(분 2억 이상 추가)

2. 대리권 범위 🔒 우포 늪에 차돌이가 보입니다.

1. 공유자의 우선매수신고
2. 공공임대주택 임차인의 우선매수신고
3. 차순위매수신고인의 지위를 포기하는 행위(우선매수신고에 따른 차순위자 지위포기)
4. 차순위매수신고
5. 매수신청의 보증을 돌려 줄 것을 신청하는 행위
6. 매수신청 보증의 제공
7. 입찰표의 작성 및 제출

▶ 매수신청대리대상물은 중개대상물과 같다(토 건 입 광 공).

3. 대리행위 방식

1. 매각장소 및 집행법원에 직접 출석하여야 한다(대리출석×).
2. 대리행위마다 대리권을 증명하는 문서 제출해야 한다(단, 다만, 같은 날 같은 장소에
   서 대리행위를 동시에 하는 경우에는 하나의 서면으로 갈음할 수 있다).
   🔒 대리권을 증명하는 서류 : 인감증명서가 첨부된 위임장 대리인등록증 사본
3. 대리권을 증명하는 문서 제출 - 매사건마다 제출, 단 개별매각은 물건번호마다 제출

4. 대리인의 의무

▶ 확인·설명서, 사건카드, 영수증에 공인중개사법령상 등록인장으로 서명 날인

1. 사건카드 : 보수액, 5년 보존, 등록인장 날인
2. 확인·설명(경제적 가치, 법령상 제한사항, 대상물의 표시, 부담 인수할 권리 등 사항)
3. 확인·설명서 작성 교부 보존(5년) - 사건카드에 철하여 보존

22-1 다음 매수신청대리인 등록하려는 甲에 관련된 설명 중 옳은 것은?

① 甲은 지방자치단체조례가 정하는 수수료를 납부하여야 한다.

② 甲이 법인인 경우에는 임원 사원 전원이 부동산경매에 관한 실무교육을 이수하면 된다.

③ 甲이 법인인 경우에는 업무개시 전까지 4억원 이상 보증설정하여야 한다.

④ 甲은 등록신청일 전 1년 이내에 대법원장이 지정하는 교육기관에서 부동산경매에 관한 실무교육을 이수하여야 한다.

⑤ 甲이 민사집행절차에서의 매각에 관하여 「형법」제136조(공무집행방해) 위반으로 유죄판결을 받고 그 판결확정일로부터 2년을 경과하지 아니한 자는 매수신청대리인으로 등록될 수 없다.

22-2 甲은 매수신청대리인으로 등록한 개업공인중개사 乙에게 「민사집행법」에 의한 경매대상 부동산에 대한 매수신청대리의 위임을 하였다. 이에 관한 설명으로 옳은 것은?

① 乙은 「민사집행법」에 따른 인도명령신청을 할 수 있다.

② 乙은 매수신청대리 사건카드에 중개행위에 사용하기 위해 등록한 인장을 서명날인하여야 한다.

③ 乙은 매각장소 및 집행법원에 소속공인중개사로 하여금 대리출석하게 할 수 있다.

④ 乙은 「민사집행법」에 따른 공유자의 우선매수신고를 할 수 없다.

⑤ 乙은 위임계약을 체결한 경우 확인·설명 사항을 서면으로 작성하여 서명·날인한 후 위임인에게 교부하고, 그 사본을 사건카드에 철하여 3년간 보존하여야 한다.

테마 23 매수신청대리인 보수 및 지도 · 감독

출 │ 제 │ 포 │ 인 │ 트

1. 보수 규제

1. 초과보수 금지 (법정한도 - 예규)
2. 위임계약 전 설명 + 사건카드에 기재
3. 영수증 작성 교부(등록인장 날인)
4. 보수지급시기 : 매각대금 지급기한일

2. 보수 범위

1. 보 수
   (1) 상담 및 권리분석 보수 : 50만원의 범위 안에서 합의
   (2) 매수신청대리 보수
      ① 매수인으로 된 경우 : 감정가의 1% 이하 또는 최저매각가격의 1.5% 이하
      ② 최고가매수신고인으로 되지 못한 경우 : 50만원 범위 안에서 합의
2. 실비 : 30만원 범위 안에서 당사자의 합의(특실 30만원)
   (1) 특별비용 ○
   (2) 통상비용 × (통상비용은 보수에 포함된 것으로 본다)

3. 지도 · 감독 등

1. 지도 · 감독
   (1) 법원행정처장 ⇨ 협회
   (2) 지방법원장 ⇨ 협회 시 · 도지부와 매수신청대리인
2. 지방법원장의 행정처분사유
   (1) 중개업 휴업 업무정지 ⇨ 매수신청대리인 업무정지(1월 ~2년)
   (2) 중개업 폐업 등록취소, 자격취소 ⇨ 매수신청대리인 등록취소(+3년 결격자)
   🔒 중개업의 폐업 때문에 대리인 등록취소 된 경우 3년 결격자 아님
3. 행정처분 사후 조치
   (1) 지방법원장이 등록취소 업무정지 관리대장에 기재, 5년간 보존
   (2) 매수신청대리인은 표시 제거(등록취소) 또는 출입문 표시(업무정지)

23-1 「공인중개사의 매수신청대리인 등록 등에 관한 규칙」에 따라 매수신청대리인으로 등록한 甲에 관한 설명으로 옳은 것은?

① 甲은 보수에 대하여 이를 위임인에게 위임계약 전에 설명하여야 한다. 그리고 이를 확인·설명서에 반드시 기록하여야 한다.

② 甲은 매수신청대리에 관하여 위임인으로부터 특별시 광역시·도 조례에서 정한 보수표의 범위 안에서 소정의 보수를 받는다.

③ 甲의 상담 및 권리분석 보수는 원칙적으로 50만원 범위 안에서 당사자의 합의에 의하여 결정한다.

④ 甲 개업공인중개사는 보수를 받은 경우 예규에서 정한 양식에 의한 영수증을 작성하여 서명·날인한 후 위임인에게 교부하고 사건카드에 철하여 5년간 보존하여야 한다.

⑤ 甲에 대한 보수의 지급시기는 매수신청인과 매수신청대리인의 약정에 따르며, 약정이 없을 때에는 매각결정기일로 한다

23-2 다음 매수신청대리인의 보수에 대한 설명 중 옳은 것은?

① 매수신청대리와 관련된 실비는 50만원 범위 안에서 받을 수 있다.

② 5개 부동산을 일괄매각하는 경우에 권리분석 보수는 최고 60만원이다.

③ 매수신청대리행위를 하여 최고가매수신고인 또는 매수인이 된 경우에는 최저매각가격의 1% 또는 감정가의 1.5% 이하의 범위 안에서 당사자의 합의에 의하여 결정한다.

④ 매수신청대리인은 위임인이 최고가 매수신고인 또는 매수인이 되지 못한 경우에는 매수신청대리 보수를 받을 수 없다.

⑤ 매수신청대리와 관련한 특별한 비용은 보수에 포함된 것으로 보고 별도로 청구할 수 없다.

23-3 다음 매수신청대리인에 대한 설명 중 옳은 것은?

① 매수신청대리인의 업무정지기간은 2년 이하로 한다.

② 매수신청대리업무에 대한 업무정지를 받은 경우 매수신청대리업무에 관한 표시 등을 제거하여야 한다.

③ 중개업에 대한 업무정지를 받은 경우 관할 지방법원장은 매수신청대리인의 매수신청대리인 등록을 취소해야 한다.

④ 폐업신고를 하여 매수신청대리인 등록이 취소된 후 3년이 지나지 않은 매수신청대리인은 매수신청대리인 등록을 할 수 없다.

⑤ 지방법원장은 매수신청대리업무에 관하여 협회의 시·도지부와 매수신청대리인을 감독한다.

테마 24 목 적

출|제|포|인|트

1. 공인중개사법 목적 공인중개사 업무 전에 경건하여야 한다.

1. 공인중개사의 업무 등에 관한 사항을 정함
2. 공인중개사의 전문성을 제고
3. 부동산중개업을 건전하게 육성
4. 국민경제에 이바지 함

2. 부동산 거래신고 등에 관한 법률 목적 거래신고는 건투 경찰에게

1. 부동산거래 등의 신고 및 허가에 관한 사항을 정함
2. 건전한 부동산거래질서 확립
3. 투명한 부동산거래질서 확립
4. 국민경제에 이바지 함

🔒 권리분석 및 상담 보수

1. 일괄매각 : 4개 이상의 부동산을 일괄매각하는 경우 3개를 초과하는 것부터 1부동산당 5만원 범위 안에서 상한선을 증액할 수 있다. 예 5개 부동산 일괄매각 − 60만원

2. 개별매각 : 여러 물건을 함께 분석하는 경우 1부동산당 5만원 범위 안에서 상한선을 증액할 수 있다. 예 5개 부동산 개별매각 − 70만원

24-1 다음 「공인중개사법」의 제정목적에 해당하는 것은?

> ㉠ 공인중개사의 업무 등에 관한 사항을 정함
> ㉡ 부동산업의 건전한 육성
> ㉢ 투명한 부동산거래질서의 확립
> ㉣ 공인중개사의 전문성 제고
> ㉤ 국가경제에 이바지

① ㉠, ㉣ ② ㉠, ㉤ ③ ㉡, ㉢
④ ㉡, ㉣ ⑤ ㉢, ㉤

24-2 다음 「부동산 거래신고 등에 관한 법률」의 제정목적에 해당하지 않는 것은?

① 부동산거래 등의 신고 및 허가 등에 관한 사항을 정함
② 건전한 부동산거래질서 확립
③ 부동산중개업의 건전한 육성
④ 국민경제에 이바지함
⑤ 투명한 부동산거래질서 확립

테마 25 용어의 정의

출|제|포|인|트

1. 중 개

"중개"라 함은 제3조에 규정된 중개대상물에 대하여 거래당사자 간의 매매·교환·임대차 그 밖의 권리의 득실변경에 관한 행위를 알선하는 것을 말한다.
(1) 상가권리금 계약을 알선 – 중개 ×
(2) 아파트를 분양대행 – 중개 ×

2. 중개업

"중개업"이라 함은 다른 사람의 의뢰에 의하여 일정한 보수를 받고 중개를 업으로 행하는 것을 말한다.
1. 우연히 – 중개업 × (그러나 보수약정이 있으면 과다하지 않다면 유효)
2. 보수를 현실적으로 받지 아니하고 요구 약속한 것에 그친 경우 – 중개업 ×
3. 금전소비대차의 알선에 부수해서 다른 사람의 의뢰를 받아 보수를 받고 저당권 설정에 관한 행위 알선을 업으로 하는 경우에 중개업에 해당한다.
4. 중개행위가 부동산컨설팅에 부수하여 이루어졌다고 해도 중개업에 해당 ○

3. 개업공인중개사

"개업공인중개사"라 함은 이 법에 의하여 중개사무소의 개설등록을 한 자를 말한다.

4. 공인중개사

"공인중개사"라 함은 이 법에 의한 공인중개사자격을 취득한 자를 말한다.
🔒 이 법에 의하여 공인중개사 자격을 취득한 개업공인중개사를 말한다. (×)

5. 소속공인중개사

"소속공인중개사"라 함은 개업공인중개사에 소속된 공인중개사(개업공인중개사인 법인의 사원 또는 임원으로서 공인중개사인 자를 포함한다)로서 중개업무를 수행하거나 개업공인중개사의 중개업무를 보조하는 자를 말한다.

6. 중개보조원

"중개보조원"이라 함은 공인중개사가 아닌 자로서 개업공인중개사에 소속되어 중개대상물에 대한 현장안내 및 일반서무 등 개업공인중개사의 중개업무와 관련된 단순한 업무를 보조하는 자를 말한다. 🔒 확인·설명 ×, 계약서 작성 ×

25-1 공인중개사법령상 용어와 관련된 설명으로 틀린 것을 모두 고른 것은?

> ㉠ "개업공인중개사"라 함은 공인중개사로서 「공인중개사법」에 의하여 중개
> 사무소의 개설등록을 한 자를 말한다.
> ㉡ "중개보조원"이라 함은 개업공인중개사에 소속되어 중개대상물에 대한 현
> 장안내 및 일반서무 등 개업공인중개사의 중개업무와 관련된 단순한 업무
> 를 보조하는 자를 말한다.
> ㉢ 공인중개사로서 개업공인중개사에 고용되어 그의 중개업무를 보조하는 자
> 도 소속공인중개사이다.
> ㉣ "중개업"이란 제3조에 규정된 중개대상물에 대하여 거래당사자 간의 매
> 매·교환·임대차 그 밖에 권리의 득실변경 행위를 알선하는 것을 말한다.

① ㉠, ㉡   ② ㉠, ㉢   ③ ㉠, ㉡, ㉣
④ ㉡, ㉢   ⑤ ㉠, ㉡, ㉢, ㉣

25-2 공인중개사법령상 용어와 관련된 설명으로 옳은 것을 모두 고른 것은?

> ㉠ "공인중개사"라 함은 이 법에 의하여 중개사무소의 개설등록한 자를 말한다.
> ㉡ 소속공인중개사에는 개업공인중개사인 법인의 사원 또는 임원으로서 업무
> 를 수행하는 공인중개사인 자가 포함된다.
> ㉢ 공인중개사 자격취득 후 중개사무소 개설등록을 하지 않은 자는 개업공인
> 중개사가 아니다.
> ㉣ 거래당사자 간 지역권 설정하는 행위는 중개에 해당한다.

① ㉠, ㉡   ② ㉠, ㉢   ③ ㉠, ㉣
④ ㉡, ㉢   ⑤ ㉢, ㉣

25-3 다음 중개업에 대한 설명 중 옳은 것은?

① 금전소비대차에 부수하여 다른 사람의 의뢰에 의하여 일정한 보수를 받고 저당권설정에 관한 행위의 알선을 업으로 하는 것은 중개업에 해당하지 않는다.

② 중개대상물의 거래당사자로부터 보수를 현실적으로 받지 아니하고 단지 보수를 받을 것을 약속하거나 거래당사자들에게 보수를 요구한 데 그친 경우에도 중개업에 해당한다.

③ 우연한 기회에 단 1회 건물전세계약의 중개를 한 경우에도 보수를 받은 경우에는 중개업에는 해당한다.

④ 중개사무소의 개설등록을 하지 아니한 자가 다른 사람의 의뢰를 받아 일정한 보수를 받고 중개를 업으로 한 경우에는 "중개업"에 해당하지 않는다.

⑤ 부동산중개행위가 부동산컨설팅에 부수하여 이루어졌다고 하여 이를 부동산 중개업에 해당하지 않는다고 볼 것은 아니다.

테마 26 중개대상물

출|제|포|인|트

1. 법정중개대상물

1. 토 지
2. 건축물 그 밖의 토지의 정착물
   (1) APT분양권 ○ ↔ 철거민입주권 ✕
   (2) 명인방법을 갖춘 수목의 집단 ○, 가식의 수목 ✕, 조립식 세차장 구조물 ✕
   🔒 중개대상물로서의 건축물 = 「민법」상 부동산에 해당하는 건축물
       = 정착물 + (기둥, 주벽, 지붕)
3. 「입목에 관한 법률」에 의한 입목 = 수목의 집단으로 보존등기한 것
4. 광업재단
5. 공장재단

🔒 어업재단, 광업권, 건설기계, 상가권리금, 항공기, 자동차, 영업용 건물의 영업시설이나
   비품 등, 거래처 신용 영업상의 노하우 또는 점포위치에 따른 영업상 이점, 대토권 (✕)

2. 사유물

1. 개발제한구역 내의 토지, 군사시설보호구역 내의 토지, 사도, 사유하천
2. 법정지상권이 성립된 토지, 가압류등기된 건물, 가처분등기된 건물, 경매등기된 건
   물, 가등기된 토지, 지역권이 설정된 토지

🔒 행정재산, 보존재산, 무주부동산, 포락지, 바다, 국도, 미채굴의 광물 (✕)

3. 개입가능

1. 유치권, 법정지상권, 법정저당권은 성립의 경우에는 개입할 여지가 없으나 이러한
   권리를 이전하는 경우에는 개입할 여지가 있다.
2. 상속받은 토지, 증여 받은 토지, 경락 받은 토지는 중개대상물이 된다.

🔒 입 목
1. 입목등록원부에 등록된 것에 한하여 입목등기 가능
2. 모든 수종의 수목이 등기 가능
3. 토지와 별개의 부동산으로 소유권과 저당권의 목적
4. 토지소유권 또는 지상권 처분의 효력은 입목에 미치지 않는다.
5. 토지와 입목의 소유자가 매매나 경매로 달라진 경우 입목의 소유자에게 법정지상권 인정
6. 입목 저당의 목적이 되기 위해서는 보험에 가입하여야 한다.
7. 입목 저당의 효력은 벌채된 수목에도 미친다.

26-1 공인중개사법령상 중개대상물이 될 수 있는 것은 모두 몇 개인가?

- 영업용 건물의 비품
- 광업권
- 아파트 추첨기일에 신청하여 당첨되면 아파트의 분양예정자로 선정될 수 있는 지위인 입주권
- 토지에 부착된 수목의 집단으로서 소유권보존등기를 한 것
- 근저당권이 설정되어 있는 다세대주택
- 사유하천

① 1개   ② 2개   ③ 3개
④ 4개   ⑤ 5개

26-2 공인중개사법령상 중개대상물에 포함되지 않는 것을 모두 고른 것은?

- ㉠ 분양계약이 체결되어 동·호수가 특정된 장차 건축될 아파트
- ㉡ 콘크리트 지반 위에 볼트조립방식으로 철제파이프 기둥을 세우고 3면에 천막을 설치하여 주벽이라고 할 만한 것이 없는 세차장 구조물
- ㉢ 거래처, 신용 또는 점포 위치에 따른 영업상의 이점 등 무형물
- ㉣ 주택이 철거될 경우 일정한 요건하에 이주자 택지를 공급받을 대토권

① ㉠   ② ㉠, ㉡   ③ ㉡, ㉢
④ ㉠, ㉡, ㉣   ⑤ ㉡, ㉢, ㉣

테마 27 공인중개사제도

출|제|포|인|트

1. 시험시행기관의 장

(1) 원칙 : 시·도지사   (2) 예외 : 국토교통부장관(정책심의위원회 의결)

2. 응시자격

1. 연령제한 없음 / 미성년자 ○, 외국인 ○ / 결격자 ○ (원칙)
2. 자격취소 받은 자(3년간 응시 ×), 시험부정행위자(5년간 응시 ×)

3. 공인중개사정책심의위원회

1. 국토교통부에 둘 수 있다.
2. 위원장 1인 포함한 7명 이상 11명 이내
3. 위원장 : 국토교통부 제1차관 / 지명위원이 대행(부위원장×)
4. 위원임명 : 국토교통부장관 🔒 위원임기 - 2년(보궐위원은 남은기간)
5. 심의의결사항
   (1) 손해배상책임이 보장 등에 관한 사항
   (2) 중개보수 변경에 관한 사항
   (3) 공인중개사의 시험 등 공인중개사 자격취득에 관한 사항
   (4) 부동산중개업의 육성
      🔒 자격시험에 관한 사항을 정하는 경우에 시·도지사는 이에 따라야 한다.
6. 재적과반수의 출석으로 개의 / 출석위원 과반수 찬성으로 의결

4. 자격증 교부

1. 합격자 공고 : 시험시행기관의 장
2. 자격증 교부 : 시·도지사(공고일로부터 1개월 이내)

5. 자격증 양도 대여

1. 대여 여부 판단(외관 ×, 형식 ×, 실질 ○)
2. 무자격자로 하여금 경영에 참여하게 하였더라도 무자격자로 하여금 공인중개사의 업무를 수행하게 하지 않았다면 대여는 아니다.
3. 공인중개사가 자신의 인감을 거래계약서에 날인하였다고 하더라도 실질적으로 무자격자로 하여금 공인중개사의 업무를 수행하도록 하였다면 대여에 해당한다.

27-1 공인중개사 시험제도 및 공인중개사 자격제도에 관한 다음 설명 중 옳은 것은?

① 공인중개사가 되려는 자는 국토교통부장관이 시행하는 공인중개사 시험에 합격하여야 한다.

② 피한정후견인 또는 피성년후견인은 공인중개사가 될 수 없다.

③ 시험시행기관장은 시험을 시행하기 어려운 부득이한 사정이 있는 경우에는 공인중개사정책심의위원회의 의결을 거쳐 당해 연도의 시험을 시행하지 않을 수 있다.

④ 공인중개사 시험을 시행하는 시·도지사 또는 국토교통부장관은 시험에서 부정한 행위를 한 응시자에 대하여는 그 시험을 무효로 하고, 그 처분이 있는 날부터 3년간 시험응시자격을 정지한다.

⑤ 국토교통부장관은 공인중개사자격시험 합격자의 결정 공고일부터 1개월 이내에 시험합격자에 관한 사항을 공인중개사자격증 교부대장에 기재한 후 자격증을 교부해야 한다.

27-2 공인중개사정책심의위원회에 관한 설명 중 옳은 것은?

① 공인중개사의 업무에 관한 사항을 심의하기 위하여 국토교통부에 공인중개사정책심의위원회를 둔다.

② 위원장 1인을 포함하여 19명 이내의 위원으로 구성한다.

③ 위원장은 위원 중에서 호선한다.

④ 위원은 법이 정한 사람 중에서 국토교통부장관이 임명하거나 위촉한다.

⑤ 심의위원회에서 중개보수 변경에 관한 사항을 심의한 경우 시·도지사는 이에 따라야 한다.

27-3 공인중개사법령상 공인중개사자격증 양도 · 대여에 관한 설명으로 틀린 것은?

> ㉠ 공인중개사가 실질적으로 무자격자로 하여금 자기 명의로 공인중개사 업무를 수행하도록 하였더라도 스스로 몇 건의 중개업무를 직접 수행한 경우는 자격증 대여행위에 해당되지 않는다.
> ㉡ 공인중개사로 하여금 그의 공인중개사자격증을 다른 사람에게 대여하도록 알선하는 행위를 하면 1년 이하의 징역이나 1천만원 이하의 벌금형에 처한다.
> ㉢ 무자격자가 공인중개사 업무를 수행하였는지 여부는 외관상 공인중개사가 직접 업무를 수행하는 형식을 취하였는지 여부에 따라 판단한다.
> ㉣ 중개사무소 개설등록을 마친 공인중개사가 무자격자로 하여금 중개사무소의 경영에 관여하여 이익을 분배 받도록 하는 것은 자격증 대여에 해당한다.

① ㉠, ㉡, ㉢   ② ㉠, ㉣   ③ ㉠, ㉢, ㉣

④ ㉡, ㉢   ⑤ ㉢, ㉣

테마 28 등록기준

출|제|포|인|트

1. 공인중개사인 개업공인중개사 변호사도 등록기준 적용된다.

1. 공인중개사 자격을 보유할 것
2. 실무교육을 이수할 것
3. 건축물대장에 기재된 건물에 중개사무소를 확보할 것(원칙)
   건축물대장에 기재되기 전의 건물도 준공검사, 준공인가 등을 받은 경우 포함(예외)
   (1) 무허가건축물(×), 가설건축물(×) 🔒 미등기건물은 가능
   (2) 확보하는 방법(소유, 전세계약, 임대차, 사용대차 등)
   (3) 제2종 근린생활시설(○), 일반업무시설(○), 제1종 근생(30제곱미터 미만) (○)
   🔒 사무소의 면적이 00제곱미터 이상이어야 하는 것은 없다.

2. 법인인 개업공인중개사 특수법인은 적용 없음

1. 공인중개사자격증
   대표자는 공인중개사이어야 하며, 대표자를 <u>제외</u>한 임원 또는 사원의 중 3분의 1 이상은 공인중개사일 것
2. 실무교육 : 임원 또는 사원 전원이 실무교육을 받았을 것
   🔒 공인중개사가 아닌 임원 사원도 실무교육을 받아야 한다.
   🔒 합명회사 합자회사 ⇨ 무한책임사원
3. 사무소 : 건축물대장에 기재된 건물에 중개사무소를 갖출 것 (원칙)
4. 자본금 5천만원 이상의 상법상 회사 또는 협동조합(사회적협동조합은 <u>제외</u>)
   🔒 상법상 회사 = 주식, 유한책임, 유한, 합명, 합자회사
5. 공인중개사법 <u>제14조에 규정된 업무만</u>을 영위할 목적으로 설립될 것

🔒 구비서류 비교

1. 실무교육 수료 확인증 사본 (전자적으로 확인 가능한 경우 제외)
2. 건축물대장에 기재된 건물에 사무소를 확보하였음을 증명하는 서류
   단, 건축물대장에 기재되기 전의 건물의 경우에 기재가 지연된 사유서 제출
2-1. 여권용 사진
3. 결격사유에 해당하지 않음을 증명하는 서류(외국인)
4. 상법상 영업소 등기를 증명하는 서류(외국법인)

🔒 보증설정 증명서류(×), 자격증 사본(×), 인감증명서(×), 사업자등록증(×), 건축물대장(×), 법인등기사항증명서(×)

28-1 법인인 개업공인중개사로 중개사무소 개설등록신청 할 때 갖춰야 할 요건에 대한 서술이다. 옳은 것은?

① 법인이 중개업 및 겸업제한에 위배되지 않는 업무만을 영위할 목적으로 설립되었을 것

② 「상법」상 주식회사 또는 협동조합으로서 자본금이 5천만원 이상이어야 한다.

③ 법인은 4억원 이상 보증설정하여야 할 것

④ 대표자는 공인중개사이어야 하며, 대표자를 포함한 임원 또는 사원의 3분의 1 이상은 공인중개사일 것

⑤ 법인의 임원, 사원(사원은 합명회사나 합자회사의 경우의 유한책임사원을 말한다) 전원이 실무교육을 받을 것

28-2 공인중개사법령상 법인이 중개사무소를 개설등록 하려는 경우, 이에 관한 설명으로 옳은 것은?

> ㉠ 중개사무소는 반드시 개업공인중개사 본인명의로 소유 또는 임차하여야 한다.
> ㉡ 「협동조합 기본법」에 따른 사회적 협동조합인 경우 자본금이 5천만원 이상이라면 중개사무소의 개설등록이 가능하다.
> ㉢ 대표자를 제외한 임원 또는 사원이 6명이라면 그 중 2명이 공인중개사이면 된다.
> ㉣ 「건축법」상 가설건축물대장에 기재된 건축물을 사무소로 확보하면 중개사무소의 개설등록을 할 수 있다.

① ㉠, ㉡   ② ㉠, ㉣   ③ ㉢

④ ㉡, ㉣   ⑤ ㉢, ㉣

| 테마 29 | 등록절차 |

출 | 제 | 포 | 인 | 트

1. 등록기준 갖출 것

2. 등록신청 ⇨ 등록관청 (사무소 소재지 시장 · 군수 · 구청장)

시장 = '구'가 설치되어 있지 아니한 시, 특별자치도의 행정시

> 1. 공인중개사(소속공인중개사는 제외) 또는 법인이 아닌 자는 등록신청 할 수 없다.
>   (1) 소속공인중개사는 등록신청할 수 없다. (2) 비법인사단은 등록신청할 수 없다.
> 2. 구비서류 갖출 것 (내국인- 실 사 / 외국인 - 실 사 결)
> 3. 등록신청수수료 납부 (지방자치단체조례 = 시 · 군 · 구조례 ○, 국토교통부령 ×)
> 4. 업무정지 받은 자는 그 기간 중 폐업 후 신규등록 ×
> 5. 종별변경의 경우에 원칙적으로 다시 등록신청서를 제출하여야 한다.

3. 등록처분

> 1. 등록신청 받은 날로부터 7일 이내 서면으로 등록의 통지
> 2. 등록의 통지를 받고 즉시 업무를 개시해도 무등록개업공인중개사는 아님

4. 보증설정 등록한 때부터 업무개시 전까지

5. 등록증 교부

> 1. 등록관청은 보증설정 여부를 확인 후 등록증을 지체 없이 교부하여야 한다.
> 2. 등록관청은 등록증을 교부한 때에는 다음 달 10일까지 공인중개사협회에 통보하여야 한다.

6. 업무개시

🔒 개업공인중개사는 업무개시 전까지 인장등록 하여야 한다.

🔒 **협회 통보사항**(등록관청 ⇨ 협회, 다음 달 10일까지)

> 1. 중개사무소 이전신고사항   2. 분사무소 설치신고
> 3. 중개사무소 등록증을 교부한 때 4. 고용인의 고용 및 고용관계종료 신고사항
> 5. 행정처분 사항(업무정지, 등록취소) 6. 중개업 휴업, 폐업, 재개, 변경 신고사항

🔒 보증설정(×), 인장등록(×), 자격정지(×), 자격취소(×), 과태료(×)

29-1 다음 중개사무소의 개설등록에 대한 설명 중 옳은 것은?

① 중개사무소의 개설등록을 하고자 등록신청하는 자는 국토교통부령이 정하는 수수료를 납부하여야 한다.

② 공인중개사(소속공인중개사 포함) 또는 법인이 아닌 자는 등록을 신청할 수 없다.

③ 등록관청은 중개사무소의 개설등록을 한 자가 보증설정하였는지 여부를 확인한 후 중개사무소등록증을 7일 이내에 교부하여야 한다.

④ 휴업 중인 개업공인중개사는 그 기간 중에는 당해 중개업을 폐업하고 다시 신규등록할 수 있다.

⑤ 등록관청은 등록증을 교부한 때에는 등록대장에 그 등록사항을 기록한 후 10일 이내에 공인중개사협회에 통보하여야 한다.

29-2 다음 중개사무소의 개설등록에 대한 설명 중 옳은 것은?

① 중개사무소의 개설등록을 신청하는 자는 공인중개사자격증 사본을 구비서류로 등록관청에 제출하여야 한다.

② 실무교육을 위탁받은 기관이 실무교육 수료 여부를 등록관청이 전자적으로 확인할 수 있도록 조치한 경우에도 실무교육의 수료확인증 사본을 제출하여야 한다.

③ 보증설정증명서류는 중개사무소의 개설등록 신청할 때 등록관청에 제출하여야 할 구비서류에 해당한다.

④ 사용승인을 받았으나 건축물대장에 기재되지 아니한 건물에 중개사무소를 확보하였을 경우에는 건축물대장 기재가 지연되는 사유를 적은 서류를 제출하여야 한다.

⑤ 등록신청자는 반드시 결격사유에 해당하지 않음을 증명하는 서류를 등록관청에 제출하여야 한다.

29-3 공인중개사법령상 등록관청이 공인중개사협회에 통보해야 하는 경우로 틀린 것은?

① 중개보조원 고용신고를 받은 때

② 분사무소 설치신고를 받은 때

③ 휴업기간 변경신고를 받은 때

④ 보증설정신고를 받은 때

⑤ 업무정지처분을 한 때

테마 30　결격사유

출｜제｜포｜인｜트

1. 제한능력자 19세는 결격자 ✕, 피특정후견인 결격자 ✕

> 1. 미성년자 – 19세 미만, 결혼해도 결격자, 법정대리인 동의 얻어도 결격자 ○
> 2. 피한정후견인　3. 피성년후견인

2. 파산자 파산선고 ↔ 복권, **회생 – 결**✕, 복권신청 중인 자 – 결격자 ○

3. 형벌

> 1. 금고 이상의 형벌 선고
>   (1) 유예: 선고유예 (결✕) / 집행유예 (결○) – <u>집행유예기간</u> + <u>2년 동안</u>
>   (2) 집행종료, 집행면제(=특별사면) + 3년 동안 결격자
>   🔒 가석방: 잔형기 + 3년 / 특별사면: +3년 / 일반사면: 즉시
> 2. 공인중개사법 위반 + 300만원 이상 벌금형: 3년간 결격자
>   🔒 다른 법률 위반 + 벌금형 (결✕) 중개사법 위반을 벌금 100만 (결✕)
>   공인중개사법 위반 + 과태료 (결✕) 양벌규정 (50조) + 벌금형 (결✕)

4. 행정처분

> 1. 자격취소처분 (+3년 결격자)
> 2. 자격정지처분 (정지 기간 동안 결격자)
> 3. 등록취소처분 (+3년 결격자)
>   🔒 사 기 결 혼 + 등록취소 + (3년✕)　🔒 사망, 해산, 등록기준 미달, 결격사유
>   🔒 폐업 전 위반행위 + 등록취소 + (3년 – 폐업기간)
> 4. 업무정지처분(정지기간 동안 결격자)
>   🔒 법인개공이 업무정지처분 받은 경우
>   업무정지사유 발생 당시의 임원 사원도 결격자 ○

5. 법인 임원 사원 ⇨ 법인인 개업공인중개사도 결격자 ○
🔒 2개월 이내에 결격자인 임원 또는 사원을 개임 ✕　⇨ 절등취

▶ 시험부정행위자는 결격자 ✕
▶ 결격자도 원칙적으로 시험응시 ○　단, 자격취소 받은 자는 3년간 시험응시 ✕

30-1 다음 결격사유에 대한 설명 중 옳은 것은?

① 고용인이 결격사유에 해당한 때에 2개월 이내에 해고하지 않으면 등록관청은 그를 고용한 개업공인중개사에 대하여 등록취소처분을 하여야 한다.

② 「공인중개사법」 위반으로 300만원 벌금형을 선고 받고 이를 원인으로 등록취소처분을 받은 개업공인중개사는 등록취소된 후 3년이 경과하여야 개업공인중개사 등이 될 수 있다.

③ 개업공인중개사가 등록기준에 미달되어 등록취소된 경우에는 3년이 경과하지 전에도 중개사무소의 개설등록을 할 수 있다.

④ 「도로교통법」을 위반하여 징역형을 선고 받고 복역 중 가석방 된 후 취소 또는 실효됨이 없이 3년이 경과된 자는 소속공인중개사가 될 수 있다.

⑤ 업무정지처분을 받은 개업공인중개사인 법인의 업무정지처분 당시의 사원 또는 임원이었던 자로서 당해 개업공인중개사에 대한 업무정지기간이 경과되지 아니한 자는 결격사유에 해당한다.

30-2 공인중개사법령상 甲이 중개사무소의 개설등록을 할 수 없는 경우에 해당하는 것은?

① 甲이 공인중개사 자격시험에서 부정행위자로 적발되어 5년이 경과되지 않은 경우

② 甲이 파산선고를 받고 채무를 변제하여 복권되어 3년이 경과하지 않은 경우

③ 甲이 「공인중개사법」을 위반하여 300만원의 벌금형을 선고 받고 3년이 경과한 경우

④ 甲이 대표자로 있는 개업공인중개사인 법인이 해산하여 그 등록이 취소된 후 3년이 경과되지 않은 경우

⑤ 甲이 「형법」을 위반하여 징역 1년에 집행유예 2년을 선고 받고 3년이 경과한 자

30-3 다음 중 결격사유에 해당하지 않는 자를 모두 고른 것은?

> ㉠ 피특정후견인
> ㉡ 개인회생을 신청한 후 법원의 인가 여부가 결정되지 않은 공인중개사
> ㉢ 형의 선고유예기간 중에 있는 자
> ㉣ 1년간 폐업한 개업공인중개사가 폐업 전에 위반행위 때문에 등록취소처분을 받고 2년이 경과한 자

① ㉠　　　　　　② ㉠, ㉡, ㉣　　　　　③ ㉡, ㉢
④ ㉡, ㉣　　　　　⑤ ㉠, ㉡, ㉢, ㉣

테마 31 중개사무소

출|제|포|인|트

1. 중개사무소 설치 원칙   1 사무소 원칙

1. 이중사무소 설치 금지 – 임의적 등록취소, 1/1
2. 임시중개시설물 설치 금지 – 임의적 등록취소, 1/1

2. 분사무소 설치요건 일반법인○ 특수법인○ ↔ 공인중개사인 개업공인중개사×

1. 공인중개사자격증(책임자) 단, 특수법인은 공인중개사 아니어도 된다.
2. 실무교육(책임자)
3. 분사무소 확보(주된 사무소 소재지 제외 / 시·군·구별로 1개를 초과 ×)
4. 보증설정(2억원 이상) 단, 특수법인은 2천만원 이상

3. 분사무소 설치절차

1. 분사무소 설치 신고
   (1) 주된 사무소 소재지 등록관청에   (2) 지방자치단체조례가 정한 수수료 ○
   (3) 구비서류
      ① 책임자의 실무교육 수료확인증 사본
      ② 건축물대장에 분사무소를 확보하였음을 증명하는 서류
      ③ 보증설정증명서류
   🔒 책임자의 자격증 사본은 구비서류가 아니다.
2. 신고확인서 교부 (7일 이내)
3. 통보
   (1) 설치예정지역을 관할하는 시·군·구청장에게 지체 없이 통보
   (2) 협회에 다음 달 10일까지 통보

4. 중개사무소의 공동사용

1. 절차 – (1) 신규등록 (2) 이전신고 🔒 다른 개업공인중개사의 승낙서 첨부
2. 의무와 책임 : 인장등록, 보증설정, 휴·폐업신고, 게시, 손해배상책임, 서류 보존 등 개업공인중개사로서의 각종 의무나 책임은 각각 진다.
3. 업무정지 중인 개업공인중개사는 공동사용할 수 없다.
   (1) 다른 개공이 신규등록 ×, 이전신고 × (승낙서 주어도)
   (2) 다른 개업공인중개사의 중개사무소로 이전 ×
4. 단, 업무정지처분 받기 전부터 공동사용중인 경우에는 공동사용 가능

31-1 다음 개업공인중개사의 중개사무소 및 분사무소에 대한 설명 중 옳은 것은?

① 공인중개사인 개업공인중개사는 대통령령이 정하는 기준과 절차에 따라 등록관청에 신고하고 그 관할 구역 외의 지역에 분사무소를 둘 수 있다.

② 업무정지 중인 개업공인중개사의 중개사무소의 일부를 확보하여 승낙서를 받는 방법으로 중개사무소의 개설등록이 불가능하다.

③ 「공인중개사법」을 위반하여 둘 이상의 중개사무소를 둔 경우 등록관청은 중개사무소의 개설등록을 취소하여야 한다.

④ 중개사무소를 공동으로 사용하고 있는 개업공인중개사 중 1인이 업무정지를 받은 경우에 다른 개업공인중개사도 그 기간 동안 중개사무소에서 중개업을 할 수 없다.

⑤ 분사무소는 주된 사무소의 소재지가 속한 시·군·구를 포함한 시·군·구별로 설치하되, 시·군·구별로 1개소를 초과할 수 없다.

31-2 공인중개사법령상 분사무소의 설치에 관한 설명으로 틀린 것을 모두 고른 것은?

> ㉠ 법인인 개업공인중개사가 분사무소를 설치하려는 경우 분사무소 소재지의 시장·군수 또는 구청장에게 신고해야 한다.
> ㉡ 다른 법률의 규정에 따라 중개업을 할 수 있는 법인의 분사무소에는 공인중개사를 책임자로 두어야 한다.
> ㉢ 분사무소 설치를 신고하는 자는 국토교통부장관이 결정·공고하는 수수료를 납부하여야 한다.
> ㉣ 분사무소의 설치신고를 하려는 자는 책임자를 포함한 소속공인중개사의 실무교육 수료증 사본을 제출하여야 한다.

① ㉠, ㉣   ② ㉡, ㉢, ㉣   ③ ㉡, ㉢
④ ㉠, ㉢, ㉣   ⑤ ㉠, ㉡, ㉢, ㉣

테마 32 　중개사무소 이전

출 | 제 | 포 | 인 | 트

1. 등록관청 관할 구역 내

1. 이 전
2. 이전신고 (10일 이내, 이전 후 등록관청) + 신고서, 사무소확보서류, 등록증
3. 등록증 재교부 🔓 기재사항 변경 ○

2. 등록관청 관할 구역 외

1. 이 전
2. 이전신고(10일 이내, 이전 후 등록관청) + 신고서, 사무소확보서류, 등록증
3. 등록증 재교부 🔓 기재사항 변경 ×
4. 송부요청(종전 등록관청에)
5. 송부(지체없이)
   (1) 등록대장　(2) 등록신청서류 🔓 등록증 - 송부서류 아님
   (3) 진행 중인 행정처분 서류　(4) 최근 1년간 받은 행정처분 서류
   　🔓 이전신고 전의 위반행위에 대한 행정처분은 이전 후 등록관청이 이를 행한다.

🔓 종전 사무소의 간판은 지체없이 철거
🔓 이전신고를 받은 등록관청은 다음 달 10일까지 협회 통보

3. 분사무소 이전

1. 이 전
2. 이전신고(10일 이내, 주된 사무소 소재지 등록관청) + 신고서, 사무소확보서류, 신고
   확인서
3. 신고확인서 재교부
4. 통보 🔓 송부 ×
   등록관청은 분사무소의 이전신고를 받은 경우에는 지체없이 그 분사무소의 이전 전
   및 이전 후의 소재지를 관할하는 시장 · 군수 또는 구청장에게 이를 통보하여야 한다.

32-1 동작구에 있는 중개사무소 둔 개업공인중개사 甲이 중개사무소를 서초구로 이전한 경우에 대한 설명 중 옳은 것은?

① 중개사무소 이전신고를 한 甲은 동작구에 있는 중개사무소의 간판은 이전 한 후 10일 이내에 철거하여야 한다.

② 서초구청장의 요청으로 동작구청장이 송부해야 하는 서류에는 중개사무소 개설등록증도 포함된다.

③ 동작구에 있을 때 甲의 업무정지 위반행위에 대해서는 동작구청장이 업무정지를 명할 수 있다.

④ 서초구청장은 중개사무소등록증에 변경사항을 기재하여 이를 교부할 수 있다.

⑤ 이전신고를 받은 서초구청장은 다음 달 10일까지 공인중개사협회에 통보하여야 한다.

32-2 종로구에 주된 사무소를 둔 甲법인인 개업공인중개사는 동작구에 있는 분사무소를 양천구로 이전한 경우 이에 대한 설명 중 옳은 것은?

① 甲은 양천구청장에게 10일 이내에 이전신고를 하여야 한다.

② 甲은 이전신고 할 때 등록증과 건축물대장에 기재된 건물에 분사무소를 확보하였음을 증명하는 서류를 제출하여야 한다.

③ 만약 甲법인이 분사무소 이전신고를 하지 않으면 종로구청장은 甲법인에 대해서 100만원 이하의 과태료에 처한다.

④ 양천구의 분사무소 옥외광고물에 甲법인의 대표자의 성명을 표기하여야 한다.

⑤ 종로구청장은 양천구청장에게만 분사무소 이전신고 사실을 통보하면 된다.

테마 33 | 중개사무소의 명칭사용 등

출|제|포|인|트

1. 명칭사용의무 100과, 철거명령, 대집행 - 행정대집행법

1. 개업공인중개사는 "공인중개사 사무소" 또는 "부동산중개" 라는 문자를 사용하여야 한다.
2. 부칙 제6조 제2항의 개업공인중개사는 "공인중개사 사무소" 라는 문자를 사용 ×

2. 간판실명제 100과, 철거명령, 대집행 - 행정대집행법

1. 옥외광고물 중 벽면이용간판, 돌출간판, 옥상간판에 성명표기
2. 등록증에 표기된 개업공인중개사의 성명(법인 - 대표자 / 분사무소 - 책임자)

3. 간판철거의무 지체없이 철거 / 위반시 대집행 🔒100과태료 사유 아님!!!

1. 중개사무소의 이전사실을 신고한 경우
2. 폐업신고를 한 경우
3. 등록취소처분을 받은 경우　　　　　🔒 업무정지 ×　　휴업신고 ×

4. 게시의무 100만원 이하의 과태료

1. 등록증원본 (분사무소의 경우 분사무소 설치신고확인서 원본)
2. 보증설정 증명서류
3. 개업공인중개사 및 소속공인중개의 공인중개사자격증 <u>원본</u>
4. 중개보수 및 실비의 요율 및 한도액표
5. 사업자등록증

5. 아닌 자 1/1

1. 공인중개사 아닌 자는 공인중개사 또는 이와 유사한 명칭 사용하지 못한다.
   예 명함에 "부동산뉴스 대표"라고 사용한 경우
   　　 "발품부동산 및 부동산 cafe"간판을 설치한 경우
2. 개업공인중개사 <u>아닌</u> 자는 "공인중개사사무소", "부동산중개" 또는 이와 유사한 명칭을 사용하지 못한다(간판인 경우 철거명령 대집행).
3. 개업공인중개사 <u>아닌</u> 자가 중개대상물에 대한 표시·광고를 하여서는 안 된다(포상금 지급 위반 사유에 해당 ○).

33-1 다음 개업공인중개사의 사무소 명칭 사용 등에 대한 설명 중 옳은 것은?

① 개업공인중개사는 모든 옥외광고물에 등록증에 표기된 개업공인중개사의 성명을 표기하여야 한다.

② 분사무소의 옥외광고물에는 법인 대표자의 성명을 표기하여야 한다.

③ 개업공인중개사 아닌 자가 "공인중개사사무소"라는 명칭을 사용한 간판을 설치한 경우, 등록관청은 그 철거를 명할 수 있다.

④ 중개사무소를 이전하고 종전 사무소의 간판을 철거하지 아니한 경우에는 100만원 이하의 과태료 사유에 해당한다.

⑤ 등록관청은 사무소 간판 등에 대한 철거명령을 받은 자가 철거를 이행하지 아니한 경우에는 「행정절차법」에 의하여 대집행을 할 수 있다.

33-2 공인중개사법령상 중개사무소의 명칭 및 등록증 등의 게시에 관한 설명으로 옳은 것은?

① 법인인 개업공인중개사는 그 사무소의 명칭에 "공인중개사사무소" 또는 "부동산중개"라는 문자를 사용하여야 한다.

② 개업공인중개사가 업무정지처분을 받은 경우에는 지체 없이 사무소의 간판을 철거하여야 한다.

③ 공인중개사 아닌 자가 "발품부동산 및 부동산 cafe"라는 간판을 설치한 경우에는 100만원 이하의 과태료 사유에 해당한다.

④ 공인중개사인 개업공인중개사는 실무교육 수료증 원본을 해당 중개사무소 안의 보기 쉬운 곳에 게시하여야 한다.

⑤ 법 제7638호 부칙 제6조 제2항에 따른 개업공인중개사는 그 사무소의 명칭에 '부동산중개'라는 문자를 사용하여서는 안 된다.

테마 34 ▸ 중개대상물 표시·광고

출│제│포│인│트

1. 표시·광고 명시의무 100만원 이하의 과태료 − 등록관청

1. 일반광고 명시 사항
   (1) 개업공인중개사의 성명(법인의 경우에 대표자의 성명)소공 성명×
   (2) 중개사무소의 명칭, 소재지, 연락처, 등록번호 🔒 중개보조원 ×
2. 인터넷 표시·광고 명시사항
   (1) 성명 이 소연 등
   (2) 중개대상물의 소재지, 면적, 가격 등 (총 층수, 사용승인일, 관리비, 입주가능일, 주차대수)

2. 부당표시·광고 금지의무 500만원 이하의 과태료 − 등록관청

1. 존재하지 않은 중개대상물에 대한 표시·광고 (허위매물)
2. 거짓 광고, 과장 광고
3. 중개대상물이 존재하지만 중개대상이 될 수 없는 중개대상물의 표시·광고
4. 중개대상물이 존재하지만 중개의사 없는 중개대상물의 표시·광고
5. 중개대상물의 중요사실을 빠뜨리거나 은폐·축소한 표시·광고

3. 인터넷 광고 모니터링

1. 국토교통부장관이 인터넷 표시·광고의 법 준수여부를 모니터링 할 수 있다.
2. 국토교통부장관이 정보통신서비스 제공자에게 관련 자료 제출 요구할 수 있다.
   ⇨ 국장의 자료 제출 요구에 제출하지 않은 정보통신서비스 제공자는 500과
3. 국토교통부장관이 모니터링 업무를 대통령령이 정하는 기관에 위탁할 수 있다.
4. 국토교통부장관이 위탁업무 수행에 필요한 예산을 지원할 수 있다.

4. 모니터링 종류

	기본모니터링	수시모니터링
1. 시기	분기별	수시
2. 계획서 제출	12월 31일까지	수시
3. 보고서 제출	매분기 마지막 날부터 30일 이내	업무 완료일로부터 15일 이내

5. 모니터링 사후 조치

1. 국토교통부장관은 보고서 제출 받고 시·도지사 및 등록관청에 필요한 조사 및 조치를 요구할 수 있다.
2. 시·도지사 및 등록관청은 신속하게 조사 및 조치를 완료하고 10일 이내에 그 결과를 국토교통부장관에게 통보하여야 한다.

34-1 다음 개업공인중개사 甲이 소속공인중개사 乙 및 중개보조원 丙과 중개사무소를 운영하면서 중개대상물에 대한 표시·광고 하는 것에 관한 설명 중 옳은 것은?

① 甲은 중개대상물에 대한 표시·광고를 할 때 甲과 乙의 성명을 표시하여야 한다.

② 甲이 중개대상물의 입지조건, 가격 등 중요 사실을 빠뜨리고 광고한 경우에 100만원 이하의 과태료 사유에 해당한다.

③ 甲은 인터넷을 이용한 건축물에 대한 표시·광고할 때에는 인터넷 표시·광고를 할 때에는 해당 건축물의 방향, 입주가능일, 주차대수 및 관리비를 명시하여야 한다.

④ 甲은 인터넷을 이용한 표시·광고를 할 때 丙에 관한 사항을 명시하여야 한다.

⑤ 甲이 의뢰받은 중개대상물에 대하여 표시·광고를 하려면 중개사무소의 명칭을 명시하여야 하지만 중개사무소의 등록번호는 명시하지 않아도 된다.

34-2 다음 개업공인중개사의 중개대상물에 대한 표시·광고 및 모니터링에 대한 설명 중 옳은 것은?

① 기본 모니터링 업무는 모니터링 기본계획서에 따라 매년 실시하는 모니터링 업무를 의미한다.

② 모니터링 기관은 기본 모니터링 업무를 수행한 경우 해당 업무에 따른 결과보고서를 매 분기의 마지막 날부터 15일 이내 국토교통부장관에게 제출해야 한다.

③ 등록관청은 인터넷을 이용한 중개대상물에 대한 표시·광고의 규정준수 여부에 관하여 기본 모니터링과 수시 모니터링을 할 수 있다.

④ 국토교통부장관은 모니터링을 위하여 필요한 때에는 정보통신서비스 제공자에게 관련 자료의 제출을 요구할 수 있다.

⑤ 시·도지사 및 등록관청 등은 필요한 조사 및 조치를 요구 받으면 신속하게 조사 및 조치를 완료하고, 완료한 날부터 30일 이내에 그 결과를 국토교통부장관에게 통보해야 한다.

테마 35 업무범위

출ㅣ제ㅣ포ㅣ인ㅣ트

1. 법인인 개업공인중개사의 업무(14조) 겸업제한 위반 : 임등취

1. 중개업
2. 상업용 건축물 및 주택의 임대관리 등 부동산의 관리대행
   🔒 공업용 건축물의 관리대행 ×
   🔒 부동산 임대업 ×
3. 부동산의 이용·개발 및 거래에 관한 상담
   🔒 부동산 개발업 ×
4. 중개의뢰인의 의뢰에 따른 도배나 이사업체의 소개 등 주거 이전에 부수되는 용역의
   알선 🔒 도배업 ×, 이사업 ×
   🔒 주거 이전에 부수되는 용역의 제공 ×
5. 개업공인중개사를 대상으로 한 중개업의 경영기법 및 경영정보의 제공
   🔒 부동산정보 제공 ×
   🔒 공인중개사를 대상으로 한 경영정보의 제공 ×
   🔒 법인인 개업공인중개사를 대상으로 한 경영정보의 제공 ○
6. 상업용 건축물 및 주택의 분양대행
   🔒 토지의 분양대행 ×, 주택용지 분양대행 ×, 공업용 건축물에 대한 분양대행 ×
   🔒 「주택법」상 사업계획승인 대상인 주택의 분양대행 ○
7. 「민사집행법」에 의한 경매 및 「국세징수법」, 그 밖의 법령에 의한 공매대상 부동산에
   대한 권리분석 및 취득의 알선과 매수신청대리 또는 입찰신청대리
   🔒 부칙 개업공인중개사는 경·공매 알선 대리 업무 ×
   🔒 개업공인중개사가 「민사집행법」에 의한 경매대상 부동산에 대한 매수신청대리
   또는 입찰신청대리를 하고자 하는 때에는 「대법원규칙」이 정하는 요건을 갖추어
   법원에 등록하고 그 감독을 받아야 한다.

2. 개인인 개업공인중개사의 업무

1. 원칙 : 겸업 (○) 14조 업무도 겸업가능 / 기타 업무(예 부동산 임대업)도 겸업가능
2. 예외 : 겸업 (×) 중개사법 또는 다른 법률에서 제한 하는 경우
   예 경공매 컨설팅 [부칙개공] 공무원

35-1 다음 중 법인인 개업공인중개사의 업무에 해당하지 않은 것은 모두 몇 개인가?

> ㉠ 개업공인중개사를 대상으로 한 부동산정보제공
> ㉡ 국세징수법상 공매대상 동산에 대한 입찰신청의 대리
> ㉢ 상업용지에 대한 분양대행
> ㉣ 주택의 임대업
> ㉤ 공인중개사를 대상으로 한 경영정보의 제공
> ㉥ 주거 이전에 부수되는 용역의 제공

① 2개   ② 3개   ③ 4개
④ 5개   ⑤ 6개

35-2 다음 개업공인중개사의 업무범위에 대한 설명 중 옳은 것은?

① 개업공인중개사는 공매대상 부동산에 대한 매수신청 또는 입찰신청의 대리를 하고자 하는 경우에는 「대법원규칙」이 정하는 요건을 갖추어 법원에 등록하여야 한다.
② 공인중개사인 개업공인중개사는 다른 법령에서 허용하고 있지 않는 한 중개업 이외에 다른 업무를 겸업할 수 없다.
③ 모든 개업공인중개사는 주거용 건축물에 대한 임대관리 등 관리대행업을 할 수 있다.
④ 법인이 아닌 모든 개업공인중개사도 「공인중개사법」 제14조에 규정된 모든 업무를 수행할 수 있다.
⑤ 법인인 개업공인중개사는 부동산 이용 개발 및 거래에 관한 상담을 할 수 있으나 그 대상은 개업공인중개사로 제한된다.

| 테마 36 | 고용인 |

출ㅣ제ㅣ포ㅣ인ㅣ트

1. 고 용

1. 고용신고(업무개시 전), 전자문서 (○) 🔒 등록관청은 자결교육 수료 여부 확인
   (1) 고용신고를 받은 등록관청은 법 제5조 제2항에 따라 공인중개사자격증을 발급한 시·도지사에게 그 소속공인중개사의 공인중개사자격 확인을 요청하여야 한다.
   (2) 고용신고를 받은 등록관청은 결격사유여부 및 교육수료여부를 확인하여야 한다.
   (3) 고용인이 외국인인 경우에는 결격사유에 해당하지 않음을 증명하는 서류를 제출
   (4) 중개보조원 고용 숫자 제한 : (개공 + 소공) 수의 5배 초과 고용 금지 (1/1, 절등취)
2. 고용관계 종료신고(종료일로부터 10일 이내)

🔒 결격자인 고용인을 고용하고 있는 경우, 2개월 이내 해고하지 아니한 경우 : 업무정지
🔒 고용신고를 받은 등록관청은 다음 달 10일까지 협회에 통보하여야 한다.

▶ 소공 vs 중개보조원

	소속공인중개사	중개보조원
공인중개사 자격 / 자격정지 대상	○	×
중개업무 수행 / 서명 및 날인 의무	○	×
인장등록(사용) 의무	○	×
품위유지 신의 성실 공정	○	×
부동산거래계약신고서 제출대행	○	×
교 육	실무교육	직무교육
고지의무	×	○

🔒 중개보조원 고지 × : 500과, 개업공인중개사 : 500과(단, 주의·감독 게을리하지 않은 경우 면제)

2. 책 임

1. 근거 : 고용인의 업무상행위는 개업공인중개사의 행위로 본다.
2. 내 용

	고용인	개업공인중개사	성 격
민사적 책임	손해배상책임	손해배상책임	연대책임(선택, 구상권○) 무과실책임
형사적 책임	3/3, 1/1	/3 /1	양벌규정(50조)/ 벌금형 결격자 × 등록취소× 상당한 주의와 감독을 게을리 하지 않은 경우 벌금형 ×
행정적 책임	소공 : 자격정지 중개보조원 : ×	업무정지 등록취소	

36-1 개업공인중개사의 고용인에 대한 설명 중 옳은 것은?

① 소속공인중개사는 현장안내 등 중개업무를 보조하는 경우 중개의뢰인에게 본인이 소속공인중개사라는 사실을 미리 알려야 한다.

② 개업공인중개사가 고용인을 고용하거나 해고한 때에는 10일 이내에 등록관청에 신고하여야 한다.

③ 외국인을 소속공인중개사로 고용신고하는 경우에는 그의 공인중개사 자격을 증명하는 서류를 첨부하지 않는다.

④ 개업공인중개사가 고용할 수 있는 중개보조원의 수는 개업공인중개사와 소속공인중개사를 합한 수의 3배를 초과하여서는 아니 된다.

⑤ 소속공인중개사에 대한 고용신고는 전자문서에 의하여 할 수 없다.

36-2 개업공인중개사 甲의 소속공인중개사 乙이 중개업무를 하면서 중개대상물의 거래상 중요사항에 관하여 거짓된 언행으로 중개의뢰인 丙의 판단을 그르치게 하여 재산상 손해를 입혔다. 공인중개사법령에 관한 설명으로 옳은 것은?

① 乙의 행위에 대하여 甲이 지휘, 감독에 상당한 주의를 하였다면 乙이 고의로 거래당사자에게 재산상의 손해를 발생시킨 경우에는 甲은 손해를 배상할 책임이 없다.

② 甲은 1년 이하의 징역 또는 1천만원 이하의 벌금에 처한다.

③ 등록관청은 甲의 중개사무소 개설등록을 취소할 수 있다.

④ 乙이 징역 또는 벌금형을 선고받은 경우 甲은 乙의 위반행위 방지를 위한 상당한 주의·감독을 게을리하지 않았더라도 벌금형을 받는다.

⑤ 丙의 재산상 손해에 대해서는 甲에게만 손해배상을 청구할 수 있다.

Answer 36-1 ③   36-2 ③

테마 37 인장등록

출 | 제 | 포 | 인 | 트

1. 의무 개업공인중개사 및 소속공인중개사

2. 등록인장

1. 개인인 개업공인중개사, 소속공인중개사 : 가족관계등록부 또는 주민등록표에 기재된 성명이 나타난 인장(가로, 세로 각각 7밀리미터 이상 30밀리미터 이내)
🔒 「인감증명법」에 따라 신고한 인장 (×)
2. 법인인 개업공인중개사 : 「상업등기규칙」에 따라서 신고한 법인의 인장
🔒 법인의 인감증명서 제출로 갈음한다.(○)
3. 법인의 분사무소 : 법인의 인장 또는 대표자가 보증하는 인장

3. 등록장소 등록관청(분사무소 사용인장 – 주된 사무소 소재지 등록관청)

4. 등록방법 전자문서 – ○

1. 개업공인중개사 : 인장등록신고서 또는 중개사무소 개설등록신청서
2. 소속공인중개사 : 인장등록신고서 또는 고용신고서

5. 등록시기

1. 최초 : 업무개시 전 🔒 중개사무소 개설등록 전 ×, 등록증 교부 전 ×
2. 변경 : 변경한 후 7일 이내

6. 인장사용의무

확인·설명서, 거래계약서, 사건카드, 입찰대리보수 영수증, 입찰대리대상물 확인·설명서

7. 위반시 제재

1. 개업공인중개사 – 업무정지
2. 소공 – 자격정지
🔒 등록 안 된 인장을 사용해도 서류의 효력은 유효하다.

37-1 甲군에 중개사무소를 둔 개업공인중개사 乙과 소속공인중개사 丙의 인장에 대한 설명 중 옳은 것은?

① 乙이 법인인 경우에 인장등록은 「상업등기규칙」에 따른 인감증명서의 제출로 갈음한다.

② 乙은 개설등록 전까지 사용할 인장을 甲군수에 등록하여야 한다.

③ 乙이 공인중개사인 개업공인중개사라면 「인감증명법」에 따라서 신고한 인장을 등록하여야 한다.

④ 丙은 乙이 고용신고할 때 사용할 인장을 함께 등록하여야 한다.

⑤ 丙은 자신이 작성한 확인·설명서에 등록한 인장을 날인하지 않은 경우에는 과태료 사유에 해당한다.

37-2 다음 인장등록 및 사용에 대한 설명 중 옳은 것은?

① 분사무소는 중개행위에 사용하기 위해서 「상업등기규칙」에 따라 법인 대표자가 보증하는 인장을 등록하여야 한다.

② 소속공인중개사는 업무개시 전까지 가족관계등록부나 주민등록표에 기재된 성명이 나타난 인장을 등록관청에 등록하여야 한다.

③ 법인의 분사무소에서 사용할 인장은 분사무소 소재지 시장·군수·구청장에게 등록하여야 한다.

④ 법인인 개업공인중개사가 등록할 인장은 그 크기가 가로, 세로 각각 7밀리미터 이상 30밀리미터 이내이어야 한다.

⑤ 개업공인중개사는 중개사무소의 개설등록 신청시 사용할 인장을 같이 등록하여야 한다.

테마 38 휴업, 폐업

출 | 제 | 포 | 인 | 트

1. 휴업신고

1. 3월을 초과하여 휴업하고자 하는 자는 등록증을 첨부하여 신고하여야 한다.
   🔒 등록 후 업무개시를 하지 않은 경우에도 휴업으로 간주한다.
2. 휴업기간은 6월을 초과할 수 없다.
   단, 부득이한 사유 있으면 6월 초과   예 징집, 취학, 질병, 임신·출산 등

2. 재개 변경신고

1. 재개신고(휴업신고 한 자가 재개하고자 하는 경우) – 즉시 등록증 반환
   (1) 2개월 간 휴업한 개업공인중개사는 재개할 때 재개신고 의무 없다.
   (2) 4개월 간 휴업하고자 신고했던 개업공인중개사가 2개월 간 휴업하고 재개할 때 재개신고하여야 한다.
2. 변경신고(신고한 휴업기간을 변경하고자 하는 경우)

3. 폐업신고

1. 폐업하고자 하는 개업공인중개사는 등록증을 첨부하여 미리 신고하여야 한다.
2. 개업공인중개사가 사망한 경우에 폐업신고 의무 ×   🔒 절등취사유 ○

4. 제 재

1. 휴업, 폐업, 재개, 변경 신고 아니한 자 – 100과
2. 부득이한 사유 없이 6월 초과하여 휴업한 자 – 임의적등록취소 사유

5. 원스톱

1. 등록관청: 「중개사법」상 휴·폐업신고서 + 「부가가치세법」상 휴폐업신고서(세무서 송부)
2. 관할세무서: 「부가가치세법」상 휴·폐업신고서 + 「중개사법」상 휴폐업신고(등록관청에 송부)

▶ 비 교

휴업 / 폐업 신고	재개 / 변경 신고
등록증 첨부 ○	등록증 첨부 ×
방문신고 ○ 전자문서 ×	방문신고 ○ 전자문서 ○

🔒 분사무소별로 휴업·폐업·재개·변경 신고 가능
🔒 휴업·폐업·재개·변경신고를 받은 등록관청은 다음 달 10일까지 협회 통보

38-1 다음 개업공인중개사의 휴업 및 폐업에 대한 설명 중 옳은 것은 모두 몇 개인가?

> ㉠ 개업공인중개사가 휴업을 하는 경우, 질병으로 인한 요양 등 대통령령이
>   정하는 부득이한 사유가 있는 경우를 제외하고는 3개월을 초과할 수 없다.
> ㉡ 휴업신고를 받은 등록관청은 다음 달 10일까지 공인중개사협회에 통보하
>   여야 한다.
> ㉢ 휴업기간을 변경하고자 하는 때에 신고를 하지 않으면 업무정지처분을 받
>   는다.
> ㉣ 부동산중개업의 재개신고는 전자문서에 의한 방법으로 할 수 없다.
> ㉤ 등록관청에 「공인중개사법」상의 폐업신고를 한 경우에는 「부가가치세법」
>   상의 폐업신고를 한 것으로 본다.

① 1개   ② 2개   ③ 3개
④ 4개   ⑤ 5개

38-2 다음 휴업과 폐업에 대한 설명 중 옳은 것은?

① 휴업 중에 중개업을 재개하고자 하는 경우에는 등록증을 첨부하여 등록관청에
   신고하여야 한다.
② 중개사무소의 개설등록 후 신고 없이 3개월을 초과하여 업무개시를 하지 아니
   하면 등록관청은 업무정지를 명할 수 있다.
③ 휴업기간 중인 개업공인중개사는 그 기간 중에 다른 개업공인중개사의 소속공
   인중개사가 될 수 있다.
④ 3개월 이상 휴업을 하고자 하는 자는 자격증을 첨부하여 등록관청에 신고하여
   야 한다.
⑤ 「부가가치세법」상의 휴업·폐업신고서를 제출 받은 등록관청은 지체 없이 관
   할 세무서장에게 송부하여야 한다.

Answer 38-1 ①   38-2 ⑤

테마 39 | 일반중개계약

출|제|포|인|트

1. 일반중개계약서 서식

1. 중개의뢰인은 중개의뢰내용을 명확하게 하기 위하여 필요한 경우 개업공인중개사에게 일반중개계약서의 작성을 요청할 수 있다.
2. 이 때 개업공인중개사가 반드시 응해야 하는 것은 아니다.

2. 일반중개계약서 서식

1. 국토교통부장관은 일반중개계약의 표준서식을 정하여 권장할 수 있다.
2. 일반중개계약서의 표준서식 = 법정서식(○)
3. 일반중개계약을 체결할 때 일반중개계약서를 작성하여야 하는 것은 아니다.
4. 일반중개계약서의 보존기간에 대한 규정은 없다.

3. 일반중개계약서 필수 기재사항

1. 거래예정가격
2. 거래예정가격에 대한 중개보수
3. 개업공인중개사와 중개의뢰인이 준수해야 할 사항
4. 중개대상물의 위치 및 규모

▶ **일반중개계약 VS 전속중개계약**

일반중개계약	전속중개계약
×	서면 작성 의무 ○, 3년 보존의무 ○
×	정보공개의무(7일 이내)
×	공개사실 통보의무(지체 없이)
×	업무처리상황 통지의무(2주일 1회 이상)

▶ **권리이전용 VS 권리취득용**

권리이전용	권리취득용
소유자 및 등기명의인	희망물건의 종류
중개대상물 표시	취득희망 가격
권리관계	희망지역
거래규제 및 공법상 규제사항	그 밖의 희망조건
중개의뢰금액	

39-1 다음 일반중개계약에 대한 설명 중 옳은 것은?

① 개업공인중개사는 의뢰인의 일반중개계약서 작성 요청이 있는 경우 일반중개계약서를 작성·교부하여야 한다.

② 등록관청은 법 제22조 규정에 따른 일반중개계약의 표준이 되는 서식을 정하여 권장하여야 한다.

③ 일반중개계약을 체결한 경우에는 부동산거래정보망에 중개대상물에 관한 정보를 공개할 수 없다.

④ 표준서식인 일반중개계약서에는 개업공인중개사가 중개보수를 과다수령시 그 차액의 환급하는 규정을 두고 있다.

⑤ 일반중개계약서를 작성한 경우에는 개업공인중개사는 3년간 보존하여야 한다

테마 40 전속중개계약

출|제|포|인|트

1. 의의 특정한 개업공인중개사를 정하여

2. 의무

1. 국토교통부령이 정한 계약서 사용 및 보존(3년)의무 ⇨ 위반시 업무정지
   🔒 개업공인중개사는 전속중개계약서에 서명 또는 날인하여야 한다. /소공 날인의무×
2. 정보공개의무 (7일 이내) ⇨ 위반시 임의적 등록취소
   (1) 방법: 거래정보망 또는 일간신문에 공개하여야 (2) 내용: 7가지
   (3) 예외: 의뢰인의 비공개 요청시 공개금지
3. 공개사실 통보의무: 지체 없이 문서로 통보
4. 업무처리상황통지의무: 2주일에 1회 이상 문서로 통지

3. 정보 공개할 내용 보수 × 조세 × 인적사항 ×

1. 중개대상물의 종류, 소재지, 지목 및 면적, 건축물의 용도·구조 및 건축연도 등 중개대상물을 특정하기 위하여 필요한 사항
2. 벽면 및 도배의 상태
3. 수도, 전기, 가스, 소방, 열 공급, 승강기설비, 오수·폐수, 쓰레기 처리시설 등의 상태
4. 도로 및 대중교통수단과의 연계성, 시장 학교와의 근접성 등 입지조건, 일조 소음진동 등 환경조건
5. 소유권, 전세권, 저당권, 지상권 및 임차권 등 중개대상물에 대한 권리관계에 관한 사항 단, 권리자의 주소, 성명 등 인적사항은 공개하여서는 안 된다.
6. 공법상의 이용제한 및 거래규제에 관한 사항
7. 거래예정금액 및 공시지가. 다만, 임대차의 경우에는 공시지가를 공개하지 아니할 수 있다.

4. 권리

1. 다른: 지불하여야 할 중개보수에 해당하는 금액의 위약금 청구권
2. 배제: 지불하여야 할 중개보수에 해당하는 금액의 위약금 청구권
3. 스스로: 중개보수의 50% 범위 내에서 소요된 비용청구권
   🔒 전속중개의뢰인은 스스로 발견한 상대방과 거래조건을 교섭하여 거래계약을 체결할 수 있다.

5. 유효기간

1. 3개월(약정×)
2. 다른 약정 가능 예 1년

40-1 甲소유 X부동산을 매도하기 위한 甲과 개업공인중개사 乙의 전속중개계약에 관한 설명으로 옳은 것은?

① 甲과 乙이 전속중개계약의 유효기간을 약정하지 않은 경우 유효기간은 6개월로 한다.

② 甲과 乙이 작성하는 전속중개계약서에는 중개의뢰인과 개업공인중개사가 모두 서명 및 날인한다.

③ 乙이 甲과의 전속중개계약 체결 뒤 1년 만에 그 계약서를 폐기한 경우 이는 업무정지사유에 해당한다.

④ 甲이 비공개를 요청하지 않은 경우, 乙은 전속중개계약 체결 후 2주 내에 X부동산에 관한 정보를 부동산거래정보망 또는 일간신문에 공개해야 한다.

⑤ 전속중개계약 체결 후 乙이 공개해야 할 X부동산에 관한 정보에는 소유권을 취득함에 따라 부담할 조세의 종류 및 세율도 포함된다.

40-2 공인중개사법령상 전속중개계약에 관한 설명으로 틀린 것을 모두 고른 것은?

> ㉠ 임대차에 대한 전속중개계약을 체결한 개업공인중개사는 중개대상물의 거래예정금액에 대한 사항을 공개하지 아니할 수 있다.
> ㉡ 개업공인중개사는 중개의뢰인에게 전속중개계약 체결 후 2주일에 1회 이상 중개업무 처리상황을 문서 또는 구두로 통지해야 한다.
> ㉢ 중개의뢰인이 유효기간 내에 개업공인중개사가 소개한 상대방과 개업공인중개사를 배제하고 직접 거래한 경우에는 지불하여야 할 중개보수 50% 범위 내에서 실제 비용을 지불하여야 한다.
> ㉣ 개업공인중개사가 전속중개계약 체결한 때에는 지체 없이 부동산거래정보망과 일간신문에 당해 중개대상물에 관한 정보를 공개해야 한다.

① ㉠, ㉢   ② ㉡, ㉣   ③ ㉠, ㉡, ㉢
④ ㉠, ㉢, ㉣   ⑤ ㉠, ㉡, ㉢, ㉣

테마 41　거래정보망

출|제|포|인|트

1. 개 념

1. 개업공인중개사 상호 간에　2. 국장 ~ 지정할 수 있다.
🔒 전속 ○, 일반 ○

2. 지정요건

1. 가입이용 신청한 <u>개업공인중개사(회원)</u>의 수가 전국적으로 500인 이상이고, 2개 이상의 <u>특별시·광역시·도</u>에 각각 30인 이상의 <u>개업공인중개사</u>가 가입이용신청을 하였을 것
2. 부동산거래정보망의 가입자가 이용하는 데 지장이 없는 정도로서 국토교통부장관 이 정하는 용량 및 성능을 갖춘 컴퓨터 설비를 확보할 것(개공보유 컴퓨터 ×)
3. 전기통신사업법의 규정에 의한 부가통신사업자일 것
4. 정보처리기사 1인 이상을 확보할 것(임원 또는 직원)
5. 공인중개사 1인 이상을 확보할 것(임원 또는 직원)

3. 지정절차

1. 지정신청: 수수료 ×, 개인 ○, 법인 ○(단, 법인개공×)
　🔒 구비서류: 개업공인중개사의 등록증사본(○) 공인중개사자격증 사본 (○) 운영규정(×)
2. 지정처분(30일 이내)
3. 운영규정 승인(3개월 이내): 지정 받은 자는 3개월 이내 운영규정 제정 승인
4. 설치 운영(지정 받은 날로부터 1년 이내)

4. 의 무

1. 거래정보사업자의 의무: 개공이외 자 정보공개 ×, 다르게 공개 ×, 차별적 공개 ×
2. 개업공인중개사의 의무: 거짓 공개 ×, 거래완성사실 통보(위반시 업무정지)

🔒 거래정보사업자는 <u>개업공인중개사로부터</u> 의뢰 받은 정보에 한하여 공개하여야 한다.

5. 지정취소사유　국장 ~할 수 있다

1. 거짓, 그 밖의 부정한 방법으로 지정
2. 운영규정 승인 ×, 운영규정 위반(500과)
3. 개공이외의 자 정보를 공개, 다르게 공개, 차별적으로 공개한 경우(1/1)
4. 정당한 사유 없이 지정받은 날로부터 1년 이내에 설치 운영 ×
5. 부동산거래정보망의 계속적인 운영이 불가능(개인의 사망, 법인 해산) 🔒 청문 ×

41-1 다음 부동산거래정보망에 대한 설명 중 옳은 것은?

① 국토교통부장관은 중개의뢰인 상호 간에 부동산 매매 등에 관한 정보의 공개와 유통을 촉진하고 공정한 부동산거래질서를 확립하기 위하여 부동산거래정보망을 설치·운영할 자를 지정할 수 있다.

② 전국적으로 500인 이상, 2개 이상의 시·군·구에서 각 30인 이상의 개업공인중개사가 가입, 이용신청을 하여야 거래정보사업자로 지정 받을 수 있다.

③ 법인인 개업공인중개사는 거래정보사업자로 지정을 받을 수 없다.

④ 거래정보사업자로 지정을 받고자 하는 자는 운영규정을 제정하여 국토교통부장관의 승인을 얻어야 한다.

⑤ 지정신청하는 자는 가입자인 개업공인중개사의 가입이용신청서 및 개업공인중개사의 개설등록증 원본을 제출하여야 한다.

41-2 다음 부동산거래정보망과 거래정보사업자에 대한 설명 중 옳은 것은?

① 거래정보사업자는 중개의뢰인으로부터 의뢰받은 정보에 한하여 공개하여야 한다.

② 거래정보사업자로 지정은 받은 자는 30일 이내에 부동산거래정보망의 이용 및 정보제공방법 등에 관한 사항을 정하여 국토교통부장관의 인가를 받아야 한다.

③ 지정신청할 때 구비서류에는 부동산거래정보망의 이용 및 정보제공방법 등에 관한 사항을 정한 운영규정은 포함되지 않는다.

④ 거래정보사업자는 부동산거래정보망을 통해 거래하는 경우 거래가 완성된 때에는 지체 없이 이를 당해 개업공인중개사에게 통보하여야 한다.

⑤ 거래정보사업자가 국토교통부장관의 감독상 명령 등을 이행하지 아니한 경우에는 지정취소사유에 해당한다.

테마 42 확인 · 설명의무

출|제|포|인|트

1. 확인 · 설명의무

1. 개업공인중개사의 의무사항 2. 중개가 완성되기 전 🔒 거래계약이 체결된 때 ✕
3. 권리취득의뢰인에게   4. 확인 · 설명사항을
5. 성실 · 정확하게 설명하고 건축물대장, 등기사항증명서 등 설명의 근거자료를 제시하여야
🔒 그러나 확인 · 설명서(✕), 보증관계증서 사본(✕)

2. 확인 · 설명사항

1. 중개대상물의 종류, 소재지, 지목, 면적, 용도, 구조 및 건축년도 등 당해 중개대상물에 관한 기본적인 사항
2. 벽면 · 바닥면 및 도배의 상태
3. 수도, 전기, 가스, 소방, 열 공급, 승강기 및 배수 등 시설물의 상태
4. 도로 및 대중교통수단과의 연계성, 시장 학교와의 근접성 등 입지조건
5. 일조 소음진동 등 환경조건
6. 소유권, 전세권, 저당권, 지상권 및 임차권 등 중개대상물에 대한 권리관계에 관한 사항
7. 토지이용계획 공법상의 거래규제 및 이용제한에 관한 사항
8. 거래예정금액, 중개보수 및 실비의 금액과 산출내역
9. 중개대상물에 대한 권리를 취득함에 따라 부담하여야 할 조세의 종류 및 세율

🔒 확인 · 설명할 권리관계에는 권리자에 관한 사항도 포함된다.
🔒 직접적인 위탁관계가 없는 거래상대방에게도 개업공인중개사는 주의의무가 있다.

3. 주택임대차의 추가 확인 · 설명사항 🔒 관종 정일아 주민 민간인 그만좀 괴롭혀라

1. 관리비 금액 및 산출내역
2. 임대인의 정보제시의무
3. 보증금 중 일정액의 보호에 관한 사항
4. 주민등록법 − 전입세대확인서 열람 교부에 관한 사항
5. 민간임대주택에 관한 특별법 − 임대보증금에 대한 보증에 관한 사항

4. 상태에 관한 자료 요구

1. 개업공인중개사는 <u>매도의뢰인 등</u>에게 중개대상물 상태에 관한 자료를 요구할 수 있다.
2. 요구할 수 있는 자료(= 세부확인사항)
   실제권리관계 등, 내·외부시설물의 상태, 벽면·바닥면 도배상태, 환경조건
3. 불응한 때에는 매수 임차의뢰인 등에게 불응사실을 설명하고 확인·설명서에 기재하여야 한다.
4. 자료 요구에 응하든 불응하든 개업공인중개사는 조사하여 확인·설명하여야 한다.

🔒 개업공인중개사는 신분증 등 제시·요구 할 수 있다.

5. 확인·설명서 작성 교부 보존

1. 작 성
   (1) 개업공인중개사의 의무사항
   (2) 거래계약 체결시
   (3) 법정서식 ○
   (4) 서명 및 날인: 개업공인중개사 + 당해 중개행위를 한 소공이 함께
   🔒 법인은 대표자, 분사무소는 책임자
   🔒 거래당사자는 확인·설명서에 서명 또는 날인
2. 교부: 거래당사자 쌍방에게 교부
3. 보존: 3년간 보존(사본, 원본, 전자문서)
        단, 공인전자문서센터에 보존하는 경우에는 별도보존의무 ×

6. 위반시 제재

1. 행정처분

	개업공인중개사	소속공인중개사
(1) 확인·설명 잘못 근거자료 제시 ×	500과	자격정지
(2) 확인·설명서 교부 × 보존 × 날인 ×	업무정지	자격정지(서명 ×, 날인 ×)

   🔒 소공인 확인·설명서 교부 ×, 확인·설명서 보존 × ⇨ 자격정지사유 ×

2. 민사책임: 손해배상책임
   (1) 보수 안 받았어도 손해배상책임이 소멸하는 것은 아니다.
   (2) <u>확인·설명 의무사항이 아니더라도 잘못 설명했으면 손해배상책임을 진다.</u>
      = 실제채무액

42-1 다음 개업공인중개사 甲의 확인·설명의무 등에 관한 설명 중 옳은 것은?

① 甲은 거래계약이 체결된 때 확인·설명 사항을 권리취득의뢰인에게 설명하여야 한다.

② 甲은 권리취득의뢰인에게 성실·정확하게 설명하고, 부동산종합증명서, 등기권리증, 확인·설명서 등 근거자료를 제시하여야 한다.

③ 甲은 확인·설명을 위하여 필요한 경우에는 중개대상물의 매도의뢰인·임대의뢰인 등에게 당해 중개대상물의 내·외부시설물의 상태에 관한 자료를 요구하여야 한다.

④ 甲이 법인인 경우에는 임원 또는 사원이 서명 및 날인하되, 당해 중개행위를 한 소속공인중개사가 있는 경우에는 함께 서명 및 날인하여야 한다.

⑤ 甲은 중개가 완성되어 거래계약서를 작성하는 때에는 확인·설명사항을 대통령령이 정하는 바에 따라 서면으로 작성하여 거래당사자에게 교부하고 3년 동안 원본, 사본 또는 전자문서를 보존하여야 한다.

42-2 공인중개사법령상 공인중개사인 개업공인중개사 등의 중개대상물 확인·설명에 관한 내용으로 옳은 것을 모두 고른 것은?

> ㉠ 개업공인중개사는 중개대상물에 대한 권리를 취득 및 보유함에 따라 부담하여야 할 조세의 종류 및 세율을 취득의뢰인에게 설명하여야 한다.
> ㉡ 의뢰인에게 설명할 의무를 부담하지 않은 사항은 그릇된 정보를 제공한 경우에는 개업공인중개사의 선량한 관리자의 주의 의무에 위반되는 것은 아니다.
> ㉢ 개업공인중개사가 확인·설명하여야 할 권리관계에는 권리자에 대한 사항도 포함된다.
> ㉣ 중개업무를 수행하는 소속공인중개사가 성실·정확하게 중개대상물의 확인·설명을 하지 않은 것은 500만원 이하의 과태료 사유에 해당한다.

① ㉠, ㉡   ② ㉠, ㉣   ③ ㉢
④ ㉠, ㉢, ㉣   ⑤ ㉡, ㉢, ㉣

42-3 공인중개사가 중개를 의뢰받아 공인중개사법령상 중개대상물의 확인·설명을 하는 경우에 관한 내용으로 옳은 것은?

① 중개의뢰인이 개업공인중개사에게 소정의 보수를 지급하지 아니한 경우 개업공인중개사의 확인·설명의무 위반에 따른 손해배상책임이 당연히 소멸 된다.

② 개업공인중개사가 주택임대차계약을 체결하려는 자에게 「주민등록법」 제29조의2에 따른 전입세대확인서의 열람 또는 교부에 관한 사항을 설명하지 않은 경우에는 업무정지사유에 해당한다.

③ 중개대상물의 범위 외의 물건이나 권리 또는 지위를 중개하는 경우에도 선량한 관리자의 주의로 권리관계 등을 조사·확인하여 설명할 의무가 있다.

④ 주택 매매계약을 알선한 경우에 관리비 금액과 그 산출내역을 설명하여야 한다.

⑤ 매도 또는 임대의뢰인이 상태에 관한 자료요구에 불응한 경우 개업공인중개사는 조사 및 설명할 의무가 없다.

Answer 42-1 ⑤   42-2 ③   42-3 ③

테마 43 주거용 건축물 확인·설명서 기재사항(주거용 오피스텔 포함)

출|제|포|인|트

1. 기본확인사항

1. **대상물건표시** ─ 소재지, 면적, 지목, 전용면적, 대지지분, 준공년도, 용도, 구조, 방향, 내진설계여부, 내진능력, 건축물대장상의 위반건축물
2. **권리관계** ─ 등기부기재사항
3. **공법상 이용제한 및 거래규제** ─ 용도지역, 용도지구, 용도구역, 건폐율상한, 용적률상한, 토지거래허가구역, 토지투기지역, 주택투기지역, 투기과열지구, 도시계획시설, 지구단위계획구역, 그 밖의 도시관리계획
4. **임대차확인사항** ─ 확정일자부여현황정보, 국세 및 지방세 체납정보, 전입세대확인서, 최우선변제금, 민간임대등록여부, 계약갱신요구권 행사 여부
5. **입지조건** ─ 도로, 대중교통, 주차장, 교육시설
6. **관리에 관한 사항** ─ 경비실, 관리주체, 관리비(금액, 포함비목, 부과방식)
7. **비선호시설** ─ 1㎞ 이내 화장장, 봉안당, 공동묘지, 쓰레기처리장, 쓰레기소각장, 분뇨처리장, 하수종말처리장 등
8. **거래예정금액** ─ 거래예정금액, 개별공시지가, 건물공시가격
9. **취득시 부담할 조세의 종류 및 세율** ─ 취득세, 농어촌특별세, 지방교육세

2. 세부확인사항

10. **실제권리관계 또는 공시되지 아니한 물건의 권리에 관한 사항** ─ 유치권, 법정지상권, 주택임차권(미등기), 정원수, 정원석, 고급조명시설 등
11. **내·외부시설물의 상태** ─ 수도, 전기, 가스, 소방(단독경보형감지기), 난방방식 및 연료공급, 승강기, 배수, 그 밖의 시설물
12. **벽면·바닥면 및 도배상태** ─ 벽면상태, 바닥면, 도배상태
13. **환경조건** ─ 일조량, 소음, 진동
14. **현장안내** ─ 현장안내자 중개보조원 신분 고지 여부

3. 중개보수 등에 관한 사항

15. **중개보수 및 실비의 금액 및 산출내역 / 보수지급시기**

▶ 확인 · 설명서 서식 비교

		환 경	비 선	입지 조건	공법 규제	내 · 외부 벽면 등 / 관리	공통기재 사항
확인설명서 Ⅰ	주거용	○	○	○	○	○	예 수 취 권 발표
확인설명서 Ⅱ	비주거용	×	×	○	○	○(도배×)	
확인설명서 Ⅲ	토 지	×	○	○	○	×	
확인설명서 Ⅳ	입광공	×	×	×	×	×	

🔓 **공통기재사항**: 거래예정가격, 중개보수 및 실비의 금액과 산출내역, 취득관련 조세, 권리관계, 실제권리관계 등, 대상물건의 표시

43-1 개업공인중개사의 확인 · 설명서[I] 기재사항에 대한 설명 중 옳은 것은?

① '대상물건의 표시'(건축물) − 소재지, 준공년도, 면적, 구조, 내진설계 여부, 내진능력, 용도지역, 방향 등을 기재한다.

② '취득시 부담할 조세의 종류 및 세율' − 취득세, 재산세, 농어촌특별세, 지방교육세

③ '환경조건' − 일조량, 소음, 비선호시설

④ '관리에 관한 사항' − 관리비, 경비실

⑤ '내 · 외부시설물의 상태' − 배수, 소방, 도배, 승강기

43-2 다음 확인 · 설명서[I]의 기재사항 중 세부확인사항에 해당하는 것은?

① 용도지역, 건폐율상한   ② 경비실, 관리비 부과 방식

③ 대중교통, 주차장   ④ 전기, 가스, 난방방식

⑤ 전입세대확인서, 민간임대등록여부

43-3 공인중개사법령상 중개대상물 확인 · 설명서[II](비주거용 건축물)에서 기재사항으로 옳은 것을 모두 고른 것은?

> ㉠ "단독경보형감지기"
> ㉡ "내진설계 적용 여부"
> ㉢ "실제권리관계 또는 공시되지 않은 물건의 권리 사항"
> ㉣ "환경조건(일조량 · 소음 · 진동)"
> ㉤ 비선호시설(1km 이내)의 유무

① ㉠, ㉡   ② ㉠, ㉣   ③ ㉡, ㉢   ④ ㉠, ㉡, ㉢   ⑤ ㉡, ㉣

43-4 다음 중 토지에 대한 확인 · 설명서에 기재할 사항이 아닌 것은?

① 중개보수 및 실비의 금액과 산출내역

② 토지이용계획, 공법상 거래규제 및 이용제한

③ 비선호시설

④ 거래예정금액, 개별공시지가

⑤ 관리에 관한 사항

테마 44 확인·설명서 작성방법

출|제|포|인|트

1. 기본확인사항 개업공인중개사가 확인 기재

1. **대상물건의 표시** - 토지대장 및 건축물대장
   🔒 방향 (① 주택 - 주실[안방 거실] ② 그 밖의 건축물 - 주된 출입구)

2. **권리관계** - 등기부기재사항 - 등기사항증명서
   (1) 신탁등기 - 수탁자와 신탁물건 (신탁원부 번호) 기재
   (2) 신탁원부 약정사항에 명시된 임대차계약 요건을 확인 및 설명
   🔒 임대차계약 요건: 수탁자 및 수익자의 동의 또는 승낙 , 임대차계약 당사자, 그 밖의 요건
   🔒 확인 및 설명: 신탁원부 교부 또는 실제권리관계란에 주요 내용을 작성
   (3) 공동담보 - 공동담보 목록 확인 + 채권최고액 등을 적고 설명해야 한다.

3. **공법상 이용제한 및 거래규제**
   (1) 건폐율 상한 및 용적률 상한 - 시·군조례
   (2) 도시계획시설, 지구단위계획구역, 도시관리계획 - 개업공인중개사가 확인
   (3) 그 밖의 사항 - 토지이용계획확인서
   (4) 공부에서 확인할 수 없는 사항 - 부동산종합정보망 등
   🔒 임대차의 경우에 생략할 수 있다.

4. **임대차확인사항**
   (1) 임대인이 확정일자 부여일 등 정보 제출 또는 열람 동의
   (2) 임대인이 국세·지방세 체납 정보 제출 또는 열람 동의
   (3) 전입세대확인서
      ① 임대인이 전입세대확인서류 제출: 확인 √
      ② 임대인이 전입세대확인서류 제출 × : 미확인√ ⇨ 열람 교부 방법 설명
      ③ 임대인 거주/확정일자부여현황으로 선순위 모든 세대 확인되는 경우: 해당 없음√
   (4) 최우선변제금
      ① 소액임차인의 범위 최우선변제금액 기재
      ② 선순위 근저당이 설정된 경우에는 그 당시를 기준으로 기재
   (5) 민간임대등록여부
      ① 민간임대주택인지여부 확인: 임대주택정보체계 접속 확인 또는 임대인에게 확인
      ② 민간임대주택인 경우 민간임대주택특별법에 따른 권리 의무에 관한 사항을 임대인과 임차인에게 설명하여야 한다.
   (6) 계약갱신요구권 행사여부
      ① 계약갱신요구권 행사여부에 관한 확인서류 받은 경우: 확인 √
      ② 계약갱신요구권 행사여부에 관한 확인서류 받은 경우: 미확인 √
      ③ 임차인이 없는 경우: 해당 없음 √

5. **입지조건** – 개업공인중개사가 확인한 사항을 기재합니다.

6. **관리에 관한 사항** – 개업공인중개사가 확인한 사항을 기재합니다.

   (1) <u>직전 1년간 월평균 관리비</u> 등을 기초로 산출한 총금액 기재

   (2) 관리비 포함 비목 기재 / 그 밖의 비목

   (3) 관리비부과 방식- 임대인이 직접부과 / 관리규약에 따라 부과 / 그 밖의 부과방식

   🔒 그 밖의 부과방식을 선택한 경우 그 부과방식에 대해서 작성 = 세대별 사용량을 계량하여 부과하는 전기료 수도료 등 비목은 실제 사용량에 따라 금액이 달라질 수 있고, 이에 따라 총 관리비가 변동될 수 있음을 설명해야 합니다.

7. **비선호시설** – 개업공인중개사가 확인한 사항을 기재합니다.

8. **거래예정금액 등**

   <u>중개완성 되기 전</u>의 거래예정금액, 개별공시지가, 건물공시가격을 기재합니다.

   🔒 임대차계약의 경우에는 개별공시지가, 건물공시가격을 생략할 수 있습니다.

9. **취득시 부담할 조세의 종류 및 세율**

   <u>중개완성 되기 전</u> 지방세법의 내용을 확인하여 기재합니다.

   🔒 임대차의 경우에는 제외됩니다.

---

2. 세부확인사항 개업공인중개사가 요구 + 확인 기재

10. **실제권리관계 또는 공시되지 아니한 물건의 권리에 관한 사항**

   – 매도 임대의뢰인이 고지한 사항을 적습니다(법정지상권, 유치권, 「주택임대차보호법」에 따른 임대차, 토지에 부착된 조각물 및 정원수, 계약 전 소유권변동 여부, 도로의 점용허가여부 및 권리 의무 승계 대상 여부).

   🔒 공동주택 중 분양목적으로 분양되었으나 분양되지 않아 보존등기만 마쳐진 상태인 공동주택에 대해 임대차계약을 알선하는 경우에는 이를 임차인에게 설명하여야 한다.

   🔒 임대차계약이 있는 경우 임대보증금, 월단위의 차임액, 계약기간, 장기수선충당금의 처리 등을 확인하여 적습니다. 그 밖의 경·공매 등 특이사항을 확인하여 적습니다.

11. **내·외부 시설물의 상태**

   개업공인중개사가 매도 임대의뢰인에게 자료를 요구하여 확인한 사항을 기재합니다.

   🔒 '그 밖의 시설물'은 ① 주거용 – 가정자동화시설 ② 상업용 – 오수정화시설용량 ③ 공업용 – 오수정화시설용량, 전기용량, 용수시설을 적습니다.

12. **벽면·바닥면 도배상태** – 요구하여 확인한 사항 기재

13. **환경조건** – 요구하여 확인한 사항 기재

14. **현장안내** – 현장 안내자 √ 중개보조원인 경우 고지의무 있음

3. 중개보수 및 실비의 금액과 산출내역 부가가치세는 별도로 부과될 수 있다.

---

15. 중개보수 및 실비의 금액과 산출내역

"중개보수"는 <u>거래예정금액</u>을 기준으로 계산하고, "산출내역"은 "<u>거래예정금액(임대차의 경우에는 임대보증금 + 월 단위의 차임액×100)×중개보수요율</u>"과 같이 적습니다. 다만, 임대차로서 거래예정금액이 5천만원 미만인 경우에는 "임대보증금 + 월 단위 차임액 × 70"을 거래예정금액으로 합니다.

44-1 다음 확인·설명서[ㅣ] 작성방법에 대한 설명 중 옳은 것은?

① 임대차계약을 알선한 경우에는 개별공시지가 및 건물(주택)공시가격은 기재하지 않는다.

② 중개보수에 대한 부가가치세는 중개보수에 포함된다.

③ 대상물건에 공동담보가 설정된 경우에는 공동담보목록 등을 확인하여 공동담보의 실제채무액 등 해당 중개물건의 권리관계를 명확히 적고 설명해야 한다.

④ "도시계획시설", "지구단위계획구역", 그 밖의 "도시관리계획"은 개업공인중개사가 확인하여 기재한다.

⑤ "관리비 금액"은 직전 6개월간 월평균 관리비 등을 기초로 산출한 총금액 기재한다.

44-2 중개대상물 확인·설명서[ㅣ] 기재요령 등에 관한 설명으로 틀린 것은?

① '민간임대주택인지여부'는 임대주택정보체계에 접속 하여 확인하거나 임대인에게 확인하여 기재한다.

② '계약갱신요구권 행사여부'는 계약갱신요구권 행사여부에 관한 확인서류 받지 않은 경우에는 해당 없음에 √ 한다.

③ '관리비부과방식'에서 '그 밖의 부과방식'을 선택한 경우 세대별 사용량을 계량하여 부과하는 전기료, 수도료 등 비목은 실제 사용량에 따라 금액이 달라질 수 있고, 이에 따라 총 관리비가 변동될 수 있음을 설명해야 한다.

④ '전입세대확인서'는 임대인이 거주하거나 확정일자부여현황으로 선순위 모든 세대 확인되는 경우에는 해당없음에 √ 한다.

⑤ '신탁등기'된 부동산의 경우에 수탁자와 신탁물건(신탁원부 번호) 기재하고 신탁원부 약정사항에 명시된 임대차계약 요건을 확인 및 설명하여야 한다.

44-3 주거용건축물의 확인·설명서 작성방법에 관한 내용으로 옳은 것은?

① 중개보수는 거래금액을 기준으로 계산한다.

② 토지의 건폐율·용적률 상한은 시·도조례를 확인하여 기재한다.

③ "중개보수 및 실비의 금액과 산출내역"란에 보수지급시기를 기재한다.

④ "입지조건"은 매도(임대)의뢰인에게 자료를 요구하여 확인한 사항을 기재한다.

⑤ "취득시 부담할 조세의 종류 및 세율"은 중개가 완성되기 전 「지방세법」의 내용을 확인하여 기재한다. 단, 임대차의 경우에도 기재한다.

테마 45 거래계약서

출|제|포|인|트

1. 작성

1. 개업공인중개사가 작성의무 있다.
2. 소속공인중개사는 작성의무는 없지만 작성 할 수는 있다.
3. 법인의 임원 중 공인중개사인 임원은 거래계약서를 작성할 수 있다.
4. 개업공인중개사는 중개가 완성된 때에만 거래계약서 등을 작성·교부하여야 하고 중개를 하지 아니하였음에도 함부로 거래계약서 등을 작성·교부하여서는 안 된다(대판).

2. 서면

1. 국토교통부장관은 거래계약서의 표준이 되는 서식을 정하여 권장할 수 있다.
2. 그러나 법정서식 × 따라서, 개업공인중개사는 아무서식이나 사용가능하다.

3. 내용

1. 필요적 기재사항(9가지)
2. 거짓기재 ×, 2 이상의 서로 다른 계약서 작성 ×
   ⇨ 위반시 개업공인중개사(임등취), 소공(자격정지) 🔒 징역 ×, 벌금 ×, 과태료 ×

4. 거래계약서의 필수 기재사항

1. (권)리 이전의 내용   2. 거래당사자의 (인)적사항
3. 물건의 (표)시   4. 계약의 (조)건이나 기한이 있는 경우에는 그 조건 또는 기한
5. 중개대상물 확인·설명서 (교)부 일자
6. (계약일)   7. 물건의 (인도)일시
8. 거래(금)액 계약금액 및 그 지급일자 등 지급에 관한 사항
9. 그 밖의 약정 내용(담보책임면제특약 매매비용부담특약)

5. 서명 및 날인

개업공인중개사(법인의 경우에 대표자, 분사무소의 경우 책임자)가 서명 및 날인하되, 당해 중개행위를 한 소속공인중개사가 있는 경우에는 소속공인중개사가 함께 서명 및 날인하여야 한다.

6. 교부·보존

1. 교부: 거래계약서 쌍방에게(확인·설명서, 보증관계증서 사본 교부)
2. 보존(5년): 거래계약서 원본, 사본, 전자문서
            단, 공인전자문서 센터 보존의 경우 별도 보존의무 ×

45-1 개업공인중개사 甲과 소속공인중개사 乙은 공인중개사법령에 따라 거래계약서를 작성하고자 한다. 이에 관한 설명으로 옳은 것은? (다툼이 있으면 판례에 따름)

① 甲은 중개대상물에 대하여 중개가 완성된 때에만 거래계약서를 작성·교부해야 한다.

② 甲이 작성하여 거래당사자에게 교부한 거래계약서의 원본, 사본 또는 전자문서를 보존해야 할 기간은 3년이다.

③ 乙이 거래계약서를 작성한 경우에 甲과 乙이 거래계약서에 서명 또는 날인하여야 한다.

④ 乙이 둘 이상의 서로 다른 거래계약서를 작성한 경우에는 과태료 사유에 해당한다.

⑤ 甲은 거래계약서를 공인전자문서 센터에 보존하는 경우에도 거래계약서 원본, 사본 또는 전자문서를 보존하여야 한다.

45-2 개업공인중개사가 작성하는 거래계약서에 기재해야 할 사항으로 공인중개사법령상 명시된 것을 모두 고른 것은?

> ㉠ 중개보수 및 실비의 금액과 산출내역
> ㉡ 물건의 인도일시
> ㉢ 권리이전의 내용
> ㉣ 중개대상물 확인·설명서 교부일자
> ㉤ 거래예정금액

① ㉠, ㉡, ㉤ ② ㉠, ㉡, ㉤ ③ ㉠, ㉢, ㉣
④ ㉡, ㉢, ㉣ ⑤ ㉠, ㉡, ㉢, ㉤

테마 46　전자계약(= 부동산거래계약시스템)

출 | 제 | 포 | 인 | 트

1. 전자계약 장점

1. 전자계약을 체결한 경우에 부동산거래계약신고서를 제출한 것으로 본다.
2. 종이로 된 확인·설명서 거래계약서를 별도로 보관할 필요 없음
3. 계약서 위조 변조 방지
4. 주택임대차 확정일자 자동부여신청
5. 중개사고 예방

2. 전자계약 절차

1. 개업공인중개사의 부동산거래전자계약시스템 회원 가입 및 공인인증서 등록
2. 개업공인중개사의 전자계약서 확인·설명서 생성
3. 중개의뢰인 양 당사자의 전자서명
4. 개업공인중개사의 전자서명
5. 부동산거래계약신고필증 출력

🔓 매매와 임대차계약만 가능
🔓 개업공인중개사의 개입 없는 중개의뢰인 간의 전자계약은 불가능

46-1 부동산전자계약에 관한 설명으로 옳은 것은?

① 개업공인중개사가 부동산거래계약시스템을 통하여 부동산거래계약을 체결한 경우에도 신고관청에 부동산거래계약신고서를 제출하여야 한다.

② 부동산전자계약은 거래당사자 간에도 체결할 수 있다.

③ 정보처리시스템을 이용하여 주택임대차계약을 체결하였한 경우에 해당 주택의 임차인은 정보처리시스템을 통하여 전자계약인증서에 확정일자 부여를 신청할 수 있다.

④ 전자계약시스템을 통하여 체결된 전자계약의 경우 홈페이지상에서 확정된 이후에는 해제나 수정을 할 수 없다.

⑤ 거래계약서 작성시 확인·설명사항이 「전자문서 및 전자거래 기본법」에 따른 공인전자문서센터에 보관된 경우라도 개업공인중개사는 확인·설명사항을 서면으로 작성하여 보존하여야 한다.

테마 47　손해배상책임 및 보증설정의무

출│제│포│인│트

1. 손해배상책임 개업공인중개사 ○, 제3자 ×

> 1. 중개행위(과실책임)
>   개업공인중개사가 중개행위함에 있어 <u>고의·과실</u>로 거래당사자에게 재산상 손해를 발생하게 한 경우에 손해배상책임을 진다.
>   🔒 중개행위 여부는 사회통념에 따라 <u>객관적</u>으로 판단한다.
>   중개행위 ○ : 확인·설명 잘못, 사기, 횡령, 경매알선행위, 계약 후 행위
>   중개행위 × : 대토권매매 알선, 오피스텔 직접거래
> 2. 중개사무소 제공행위(무과실책임)
>   개업공인중개사가 자기의 중개사무소를 다른 사람의 중개행위의 장소로 제공해서 거래당사자에게 재산상 손해를 발생하게 한 경우에 손해배상책임을 진다.

🔒 제3자의 손해 (×), 비재산상 손해 (×)

2. 보증설정신고의무 보증기관이 보증사실을 등록관청에 통보한 경우 신고 ×

> 1. 시 기
>   (1) 개공 – 업무 시작 전 신고　(2) 지역농협 – 업무개시 전 신고
>   (3) 분사무소 – 설치신고 전
> 2. 방법 : 보증보험, 공제, 공탁(사망, 폐업한 경우에 3년간 회수 제한)
> 3. 금 액
>   개인 개업공인중개사 (2억원 이상) 법인인 개업공인중개사 (4억원 이상)
>   분사무소 1개 추가시 (2억원 이상 추가) 🔒 특수법인 (2천만원 이상)
> 4. 변경 : 보증의 효력이 있는 기간 중 🔒 해지 후 즉시 가입 ×
> 5. 재설정
>   (1) 기간만료 : 기간만료일까지　(2) 손해배상금지급 : 지급 후 15일 이내

▶ 보증내용 설명 : <u>중개완성시</u> 손해배상책임보장 내용설명 + 보증관계증서 사본 교부/제공

3. 보증금지급청구절차

> 1. 보증금지급청구 – 합의서, 조서, 판결문 사본
> 2. 보증기관의 보증금 지급 (설정금액 범위 내) ↔ 개업공인중개사는 (전손해 책임)
>   🔒 보증금 지급청구 시효 : 3년
> 3. 개업공인중개사의 고의로 인한 거래사고도 보증기관은 지급책임 있음
> 4. 분사무소의 거래사고 – 법인개공 전체의 보증설정금액 한도 내 지급책임 있음
> 5. 보증기관은 구상권 ○ (단, <u>공탁기관은 구상권</u> ×)
> 6. 보증금 지급 후 15일 이내 재가입 또는 부족한 금액 보전

47-1 다음 공인중개사법상 개업공인중개사의 손해배상책임에 대한 설명 중 옳은 것은?

① 대토권의 매매 등을 알선한 행위가 공제사업자를 상대로 개업공인중개사의 손해배상책임을 물을 수 있는 중개행위에 해당한다.

② 개업공인중개사가 자기의 중개사무소를 다른 사람의 중개행위의 장소로 제공함으로서 거래당사자 또는 제3자에게 발생한 재산상 손해에 대해서 손해배상책임이 발생한다.

③ 판례에 의하면 「공인중개사법」 제30조 제1항의 "중개행위"에 해당하는지 여부는 법 제정 목적에 비추어 볼 때 개업공인중개사가 진정으로 거래당사자를 위하여 거래를 알선 중개하려는 의사를 갖고 있었느냐에 의하여 결정할 것이다.

④ 개업공인중개사는 보증설정금액 범위 내에서 손해배상책임을 진다.

⑤ "경매 대상 부동산에 대한 권리분석 및 취득의 알선" 행위는 법 제30조 개업공인중개사가 손해배상책임을 져야 하는 "중개행위"에 해당한다.

47-2 다음 개업공인중개사의 중개업과 관련된 보증설정에 대한 설명 중 옳은 것은?

① 보증기관이 보증사실을 등록관청에 직접 통보한 경우라도 개업공인중개사는 등록관청에 보증설정신고를 해야 한다.

② 개업공인중개사의 고의로 인한 경우에도 보증기관은 손해배상에 따른 보증금 지급의무가 있다.

③ 개업공인중개사는 중개완성 전에 거래당사자에게 손해배상책임의 보장에 관한 주요사항을 설명하고 관계증서의 사본 등을 교부하여야 한다.

④ 지역농협이 부동산중개업을 하는 때에는 중개업무를 개시하기 전에 보장금액 2천만원 이상의 보증을 보증기관에 설정하여야 하나 등록관청에 신고는 하지 않아도 된다.

⑤ 보증보험, 공제에 가입한 개업공인중개사로서 보증기간이 만료되어 다시 보증을 설정하고자 하는 자는 그 보증기간 만료 15일 전까지 다시 보증을 설정하고 그 증명서류를 갖추어 등록관청에 신고하여야 한다.

테마 48 반환채무이행보장

출│제│포│인│트

1. 예치제도

개업공인중개사는 거래의 안전을 보장하기 위하여 필요하다고 인정하는 경우에는 거래계약의 이행이 완료될 때까지 계약금 중도금 또는 잔금을 개업공인중개사 또는 대통령령이 정하는 자의 명의로 금융기관, 제42조 규정에 의하여 공제사업을 하는 자 또는 자본시장과 금융투자업에 관한 법률에 따른 신탁업자 등에 예치하도록 거래당사자에게 권고 할 수 있다.

2. 예치제도 분석

1. 예치시기 : 계약의 이행이 완료될 때까지   🔒 계약 체결될 때까지 ✕
2. 예치대상 : 계약금, 중도금, 잔금
3. 예치명의자 : 개업공인중개사 또는 대통령령이 정하는 자   🔒 제3자 ✕
      🔒 대통령령 ─ 은행, 공제사업자, 신탁업자, 전문회사, 보험회사, 체신관서
4. 예치기관 : 금융기관, 공제사업자, 신탁업자 등
5. 강행규정 ✕, 개업공인중개사 의무 ✕

3. 예치의자인 개업공인중개사의 의무

1. 분리 관리 ○, 임의인출 ✕
2. 필요사항 약정 ─ 인출에 대한 동의방법, 실비 등
3. 보증설정(관계증서 사본 교부 또는 전자문서 제공) ─ 예치금액만큼
4. 위반시 업무정지사유

4. 사전수령제도

계약금등을 예치한 경우 매도인·임대인 등 계약금 등을 수령할 수 있는 권리가 있는 자는 당해 계약을 해제한 때에 계약금 등의 반환을 보장하는 내용의 금융기관 또는 보증보험회사가 발행하는 보증서를 계약금 등의 예치명의자에게 교부하고 계약금 등을 미리 수령할 수 있다.

1. 보증서 발행기관 : 금융기관, 보증보험회사
2. 보증서 교부대상 : 예치명의자 🔒 매수인 ✕, 예치기관 ✕

48-1 계약금 등 반환채무의 이행보장제도에 관한 다음 설명으로 옳은 것은?

① 개업공인중개사는 거래안전을 보장하기 위해 필요한 경우에 계약금 등을 개업공인중개사 또는 제3자 명의로 예치하도록 거래당사자에게 권고할 수 있다.

② 이 제도는 거래사고를 예방하기 위해서 거래계약체결이 완료될 때까지 계약금 등을 금융기관 등에 예치하도록 하는 제도이다.

③ 거래당사자가 계약금 등을 예치하는 경우에 금융기관, 공제사업자, 신탁업자에 한하여 예치기관이 될 수 있다.

④ 공제사업자는 예치명의자가 될 수 있으나 예치기관은 될 수 없다.

⑤ 개업공인중개사는 거래계약의 이행이 완료될 때까지 개업공인중개사 명의로 중도금을 공제사업자에게 예치할 것을 거래당사자에게 권고할 수 있다.

48-2 다음 계약금 등 반환채무의 이행보장제도에 대한 설명 중 옳은 것은?

① 예치명의자인 개업공인중개사가 계약금 등을 임의로 인출하면 6개월 이하의 범위에서 업무정지를 명할 수 있다.

② 예치명의자인 개업공인중개사는 거래계약과 관련된 계약금 등을 자기 소유의 예치금과 분리하여 관리할 수 있다.

③ 법인인 개업공인중개사 명의로 금융기관에 계약금 등을 예치하는 경우 그 계약금 등을 거래당사자에게 지급할 것을 보장하기 위하여 4억원 이상의 보증을 설정하여야 한다.

④ 매도인 등이 계약금 등을 사전에 수령하기 위해서는 금융기관 또는 보증보험회사가 발행하는 보증서를 매수인 등에게 교부하여야 한다.

⑤ 개업공인중개사는 계약금 등 반환채무의 이행보장에 소요된 실비와 관련하여 매도, 임대 그 밖의 권리를 이전하고자 하는 의뢰인에게 청구할 수 있다.

Answer 48-1 ⑤   48-2 ①

테마 49 금지행위

출|제|포|인|트

1. 직접거래 쌍방대리

1. '직접거래'란 개공 등이 중개의뢰인과 거래한 경우(단속규정)
2. 대리인 또는 수임인과 거래(직○)
3. 다른 개업공인중개사의 알선으로 거래한 경우 직접거래 ×
4. 일방대리(한쪽의 위임을 받아, 대리권을 수여 받아) – 금지행위 아님

2. 투기조장행위

1. 미등기전매 알선(전매차익 없어도)
2. 권리변동이 제한된 부동산 중개

3. 금지증서 중개 매매업

1. 금지증서 ○
   청약저축통장, 철거민입주권(딱지)
2. 금지증서 ×
   아파트분양권, 상가분양계약서

4. 시세조작

부당이득 목적으로 거래가 완료된 것처럼 꾸미는 등 시세에 부당한 영향

5. 단체 담합

1. 특정 중개대상물 중개 제한
2. 단체 구성원 이외의 자와 공동중개제한

6~10. 업무방해

6. 특정 개공에 대한 중개의뢰 제한
7. 특정 개공에 대한 중개의뢰 유도
8. 높게 표시·광고 강요
9. 특정 가격 이하로 중개의뢰 않게
10. 정당한 표시·광고 방해

11. 초과보수 실비

1. 분양대행료, 권리금 등 수수 알선료, 부동산컨설팅료 등은 적용 ×
2. 다른 명목으로 받은 금품 합산
3. 초과해서 받으면 금지행위 (원해서 줘도, 사후에 반환해도, [당좌수표]부도나도)
4. 초과한 금품을 요구 약속한 것만으로는 금지행위 ×
5. 순가중개계약은 금지행위 아니다. 단, 실제로 법정한도를 초과해서 보수를 받으면 금지행위에 해당함

12. 무등록중개업자 협조행위

의뢰 받거나, 명의 이용케 하는 행위

13. 판단을 그르치게 하는 행위

1. 기망, 가격조작(무척 높은 가액으로), 과장광고, 미확정개발계획 등 거짓된 언행
2. 소송계류 중인 사실 숨긴 경우

14. 중개대상물에 대한 매매업

1. 입목 매매업, 아파트분양권 매매업(금지)
2. 건설기계 매매업, 주택 임대업(금지×)

🔒 4~10. 금지행위는 포상금 지급 사유에 해당한다.

49-1 다음 중 「공인중개사법」상 개업공인중개사 등의 금지행위가 아닌 것은?

> ㉠ 시세에 부당한 영향을 줄 목적으로 온라인 커뮤니티 등을 이용하여 특정 가격 이하로 중개를 의뢰하지 아니하도록 유도함으로써 개업공인중개사의 업무를 방해하는 행위
> ㉡ 상가권리금계약을 알선하고 권리금의 10%를 용역수수료로 받은 경우
> ㉢ 중개의뢰인인 소유자로부터 거래에 관한 대리권을 수여 받은 대리인과 중개대상물에 대하여 임대차계약을 체결한 개업공인중개사
> ㉣ 단체를 구성하여 단체 구성원 이외의 자와 공동중개를 제한하는 행위
> ㉤ 중개의뢰인을 대리하여 타인에게 중개대상물을 임대하는 행위

① ㉡, ㉢, ㉤   ② ㉡, ㉤   ③ ㉠, ㉣, ㉤

④ ㉠, ㉡, ㉢   ⑤ ㉢, ㉣, ㉤

49-2 다음 개업공인중개사 등의 행위 중 금지행위에 해당하는 것은?

① 상가분양대행을 하고 주택 외 중개대상물에 대한 중개보수의 법정한도를 초과하여 보수를 받은 경우
② 법정한도를 초과하여 중개보수를 요구하였지만 받지 못한 경우
③ 순가중개계약을 체결하였으나 실제로는 법정한도 범위 내의 중개보수를 받는 행위
④ 개업공인중개사가 매도인으로부터 매도중개의뢰를 받은 다른 개업공인중개사의 중개로 부동산을 매수한 경우
⑤ 미등기전매를 알선하였으나 전매차익이 발생하지 않은 경우

테마 50 ｜ 교 육

출|제|포|인|트

1. 교육의 비교

	실무교육	연수교육	직무교육
권 한	시·도지사	시·도지사	시·도지사 또는 등록관청
대 상	• 등록신청하려는 자 (임원 사원 전원 / 책임자) • 소속공인중개사가 되려는 자	• 개업공인중개사 • 소속공인중개사	중개보조원
시 기	• 등록신청일 전 1년 이내 • 고용신고일 전 1년 이내	• 실무교육 또는 연수교육 받은 후 2년마다 • 시·도지사가 2년이 되 기 2개월 전에 사전통지	고용신고일 전 1년 이내
내 용	• 직무수행에 필요한 법 률지식 • 부동산중개 및 경영실무 • 직업윤리 등	• 부동산중개 관련 법·제 도의 변경사항 • 부동산중개및 경영실무 • 직업윤리 등	직무수행에 필요한 직업 윤리 등
시 간	28시간 ~ 32시간	12시간 ~ 16시간	3시간 ~ 4시간
면 제	• 폐업 또는 종료신고 후 1년 이내에 재등록 재 신고	없 음	종료신고 후 1년이 내 고 용신고

🔒 국토교통부장관은 시·도지사가 실시하는 실무교육, 연수교육, 직무교육의 전국적인 균형 유지를 위하여 필요하다고 인정하면 실무교육의 지침을 마련하여 시행할 수 있다.

2. 사고예방교육

1. 국장 시·도지사, 등록관청 (~ 할 수 있다) ⇨ 개공 등 (받을 의무×)
2. 10일 전까지 공고 또는 통지
3. 교육비 지원

50-1 공인중개사법령상 교육에 대해 설명한 내용이다. 옳은 것은?

① 소속공인중개사는 고용신고일 전 1년 이내에 시 · 도지사 또는 등록관청이 실시하는 실무교육을 받아야 한다.

② 직무교육 대상자는 소속공인중개사 및 중개보조원이다.

③ 실무교육 시간은 32시간 이상 44시간 이하로 한다.

④ 소속공인중개사로서 고용관계 종료신고 후 1년 이내에 중개사무소의 개설등록을 신청하려는 자는 실무교육을 다시 받지 않아도 된다.

⑤ 등록관청은 연수교육을 실시하려는 경우 실무교육 또는 연수교육을 받은 후 2년이 되기 2개월 전까지 교육장소 등을 대상자에게 통지하여야 한다.

50-2 다음 공인중개사법령상 교육에 대한 설명 중 옳은 것은 모두 몇 개인가?

- 연수교육은 직무수행에 필요한 법률지식, 부동산 중개 및 경영실무, 직업윤리 등을 교육내용으로 한다.
- 시 · 도지사는 실무교육의 전국적인 균형 유지를 위하여 필요하다고 인정하면 실무교육의 지침을 마련하여 시행할 수 있다.
- 국토교통부장관 시 · 도지사 또는 등록관청은 부동산거래사고예방을 위한 교육을 실시하려는 경우에 교육일 7일 전까지 교육에 필요한 사항을 공고하고 교육대상자에게 통지하여야 한다.
- 실무교육을 받은 개업공인중개사는 실무교육을 받은 후 2년마다 시 · 도지사가 실시하는 직무교육을 받아야 한다.
- 직무교육 시간은 3시간 이상 4시간 이하로 한다.

① 1개   ② 2개   ③ 3개

④ 4개   ⑤ 5개

Answer **50-1** ④   **50-2** ①

테마 51 중개보수 이론

출|제|포|인|트

1. 중개보수청구권

1. 쌍방에 각각 청구
2. 보수지급시기: ① 약정한 날 ② 약정 ✕ 거래대금의 지급이 완료된 날
3. 무등록개업공인중개사와 체결한 중개보수 약정(중개계약)은 무효
4. 개업공인중개사의 고의·과실로 무효 취소 해제된 경우에는 보수청구권 소멸
5. 이행지체로 해제, 계약금의 의한 해약의 경우에는 보수청구권 있음

2. 법정한도 상가, 공장, 입목, 토지, 업무용오피스텔 등

주택(부속토지포함)	주택 이외의 중개대상물
국토교통부령(시행규칙) - 별표1	국토교통부령(시행규칙) 가나오피스텔 매매·교환 - 1천분의 5이내 임대차 등 - 1천분의 4이내 나머지 - 1천분의 9이내
(사무소 소재지) 시·도의 조례 거래의 종류와 거래금액에 따른 상한요율 / 한도액	✕

1. 가나오피스텔: 전용면적 $85m^2$ 이하 + 전용입식 부엌 + 화장실 + 목욕시설
2. 중개대상물 소재지와 중개사무소의 소재지가 다른 경우에는 중개사무소 소재지를 관할하는 특별시·광역시·도 조례에서 정한 기준에 따른다.
3. 법정한도를 초과하는 중개보수 약정은 초과 부분만 무효
4. 조례를 잘못 해석해서 법정한도를 초과한 보수를 받은 경우에도 처벌됨(1/1)
5. 공매 알선행위에도 중개보수의 법정한도 규정은 적용됨
6. 계약체결이 되지 아니하였어도 중개보수를 약정한 경우에 법정한도 규정은 적용됨

3. 실비 권양이 반쯤 취했다.

1. 중개대상물의 권리관계 등의 확인에 소요되는 비용 ⇨ 이전의뢰인(매도인/ 임대인)에게
2. 계약금 등 반환채무의 이행보장에 소요된 비용 ⇨ 취득의뢰인(매수인/임차인)에게

🔒 실비의 법정한도: 국토교통부령이 정하는 범위 안에서 시·도 조례로 정한다.
🔒 실비는 계약체결이 안 된 경우에도 받을 수 있다.
🔒 중개보수 실비 영수증은 법정서식이 없고 작성·교부할 의무도 없다.

51-1 공인중개사법령상 중개보수에 관련된 설명으로 틀린 것을 모두 고른 것은?

> ㉠ 중개보수 지급시기는 당사자 간의 약정이 없을 때에는 중개대상물의 거래 계약체결이 완료된 날로 한다.
> ㉡ 매수인이 매매 잔금 지급을 지체하여 해제된 경우에는 중개한 개업공인중 개사는 중개보수를 받을 수 있다.
> ㉢ 공인중개사법령상 중개보수 제한 규정들은 공매대상 부동산 취득의 알선 에 대해서는 적용되지 않는다.
> ㉣ 공인중개사 자격이 없는 자가 중개사무소 개설등록을 하지 아니한 채 부 동산중개업을 하면서 거래당사자와 체결한 중개보수 지급약정은 무효이다.

① ㉠, ㉡   ② ㉠, ㉢   ③ ㉡, ㉢
④ ㉡, ㉣   ⑤ ㉢, ㉣

51-2 다음 중개보수의 범위에 대한 설명 중 옳은 것은?

① 주택의 중개에 대한 보수는 중개의뢰인 쌍방으로부터 각각 받되, 그 쌍방으로 부터 받을 수 있는 한도는 [별표 1]과 같다.
② 개업공인중개사는 중개대상물 소재지와 중개사무소의 소재지가 다른 경우에 는 중개대상물의 소재지를 관할하는 특별시·광역시·도 조례에서 정한 기준 에 따라 보수를 받아야 한다.
③ 주택 이외의 중개대상물에 대한 보수는 국토교통부령이 정하는 범위에서 특별 시·광역시 또는 도 조례로 정한다.
④ 전용면적이 85제곱미터 이하이고, 상·하수도 시설이 갖추어진 전용입식 부 엌, 전용수세식 화장실 및 목욕시설을 갖춘 오피스텔의 임대차에 대한 중개보 수의 상한요율은 거래금액의 1천분의 5이다.
⑤ 상가임대차계약을 알선한 경우에 일방에게 최고 0.9%까지 중개보수를 받을 수 있다.

테마 52 중개보수 계산

출 | 제 | 포 | 인 | 트 ▬▬▬▬▬▬▬▬▬▬▬▬▬▬

1. 계산 공식

거래금액 × 요율 = 산출액 (일방) VS 한도액(일방) (한도액의 범위 내에서 산출액)

2. 매 매

1. 매매대금 = 거래금액
2. 분양권 전매 : 거래금액 = 거래당사자가 거래당시 수수하게 되는 총대금
   [= 실제납입한 금액 + 프리미엄]
3. 동일한 중개대상물에 대하여 동일한 당사자간에 매매를 포함한 둘 이상의 거래가 동일 기회에 이루어지는 경우에는 매매계약에 관한 거래금액만을 적용한다.

3. 교 환

거래금액이 큰 중개대상물의 가액   🔒 보충금은 합산 ×

4. 임대차

1. 거래금액 = 보증금 + (월세 × 100 또는 70)
2. 주택이든 주택이외의 중개대상물이든 임대차 중 보증금 이외에 월세가 있는 경우에는 월단위의 차임액에 100을 곱한 금액을 보증금에 합산한 금액을 거래금액으로 한다.
3. 다만, 합산금액이 5천만원 미만인 경우에는 본문의 규정에도 불구하고 월단위의 차임액에 70을 곱한 금액과 보증금을 합산한 금액을 거래금액으로 한다.
4. 권리금은 중개보수 산출하는 거래금액에 합산하지 않는다.

5. 복합건축물

1. 복합건축물의 경우에는 건축물 중 주택의 면적이 2분의 1 이상인 경우에는 주택의 중개보수 규정을 적용한다. (= 시·도조례표가 적용됨)
2. 주택의 면적이 2분의 1 미만인 경우에는 주택 외의 중개대상물에 대한 중개보수 규정을 적용한다. (= 0.9%)

🔒 [주택면적 = 주택외 면적] : 주택의 중개보수 규정이 적용됨

52-1 다음 중개보수 계산에서 적용기준을 설명한 것 중 옳은 것은?

① 교환계약 체결을 중개한 경우 중개보수 산정을 위한 거래가액은 고액의 중개대상물 가액에 보충금을 더한 금액을 기준으로 삼는다.

② 동일한 중개대상물에 대하여 동일한 당사자간의 매매를 포함한 둘 이상의 거래가 동일한 기회에 이루어진 경우에는 둘 이상의 거래의 거래금액을 합산한 금액을 거래금액으로 본다.

③ 아파트 분양권 매매를 중개한 경우에 거래가액이라 함은 당사자가 거래 당시에 수수하게 되는 총 대금을 거래가액으로 보아야 한다.

④ 중개대상물이 복합건축물인 경우에 주택의 면적이 2분의 1 이하인 경우에는 주택 외의 중개대상물에 대한 중개보수 규정을 적용한다.

⑤ 임대차 중 보증금 외에 차임이 있는 경우에는 월 단위의 차임액에 100을 곱한 금액을 보증금에 합산한 금액을 거래금액으로 한다. 다만, 이 합산한 금액이 5천만원 이하인 경우에는 월 단위의 차임액에 70을 곱한 금액과 보증금을 합산한 금액으로 적용한다.

52-2 A시에 중개사무소를 둔 개업공인중개사 甲은 B시에 소재하는 乙 소유의 건축물(그 중 주택의 면적은 3분의 2임)에 대하여 乙과 丙 사이의 매매계약과 동시에 乙을 임차인으로 하는 임대차계약을 중개하였다. 이 경우 甲이 받을 수 있는 중개보수에 관한 설명으로 옳은 것을 모두 고른 것은?

> ㉠ 甲이 건축물을 중개한 경우의 중개보수는 주택의 중개에 대한 보수 규정을 적용한다.
> ㉡ 甲은 B시가 속한 시·도의 조례에서 정한 기준에 따라 중개보수를 받아야 한다.
> ㉢ 甲의 중개보수를 정하기 위한 거래금액의 계산은 매매계약에 관한 거래금액만을 적용한다.
> ㉣ 甲은 乙과 丙으로부터 중개보수를 균분하여 받는다.

① ㉢
② ㉠, ㉢
③ ㉡, ㉣
④ ㉠, ㉡, ㉢
⑤ ㉠, ㉡, ㉣

52-3 단독주택을 3억원에 매수한 자가 매도인과 보증금 5,000만원 월세 150만원에 임대차계약을 체결한 경우에 이 두 가지 거래계약을 알선한 개업공인중개사가 쌍방에게 받을 수 있는 중개보수 최고 금액은? (2억원 이상 6억원 미만의 매매 교환의 경우 최고 요율은 1천분의 4이고 한도액은 없으며, 1억원 이상 3억원 미만의 임대차 등의 경우에는 최고요율은 1천분의 3이고 한도액은 없다)

① 120만원 ② 180만원 ③ 240만원
④ 360만원 ⑤ 720만원

52-4 개업공인중개사가 甲소유의 구분등기가 안 된 4층 건물(1층은 120m²의 점포이고, 2층, 3층과 4층은 주거용으로 각각 120m²이다)에 대해 5억원의 매매계약을 알선한 경우에 중개의뢰인 쌍방에게 받을 수 있는 중개보수 총액은? (주택의 경우 2억원 이상 6억원 미만의 매매의 경우 최고 요율은 1천분의 4이고 한도액은 없으며, 주택 외 중개대상물은 1천분의 9 이내에서 받을 수 있다)

① 200만원 ② 400만원 ③ 450만원
④ 900만원 ⑤ 1200만원

52-5 甲은 개업공인중개사 丙에게 중개를 의뢰하여 乙소유의 전용면적 90제곱미터 오피스텔을 보증금 2천만원, 월차임 30만원에 임대차계약을 체결하였다. 이 경우 丙이 甲으로부터 받을 수 있는 중개보수의 최고 한도액은? (임차한 오피스텔은 건축법령상 업무시설로 상·하수도 시설이 갖추어진 전용입식 부엌, 전용수세식 화장실 목욕시설을 갖춤)

① 369,000 ② 328,000 ③ 400,000
④ 450,000 ⑤ 900,000

테마 53 | 공인중개사협회

출|제|포|인|트

1. 설립목적 개업공인중개사인 공인중개사(부칙 개업공인중개사 포함) ~ 설립할 수 있다.

2. 설립절차 임의설립주의, 임의가입주의

1. 정관작성: 300인 이상
2. 창립총회: 600인 이상(서울시 100인 이상, 광역시·도 각 20인 이상)
3. 설립인가: 국장
4. 설립등기: 성립

3. 조 직

1. 지부(시·도)   − 정관에 따라 둘 수 있다. (시·도지사에게 지부설치 신고)
2. 지회(시·군·구) − 정관에 따라 둘 수 있다. (등록관청에 지회설치 신고)

4. 업 무

1. 본래업무 − 공제사업, 부동산정보제공 업무, 지도, 교육, 연수 등
2. 수탁업무 − 실무교육, 연수교육, 직무교육, 시험시행

5. 공제사업 비영리사업, 다른 회계와 구분회계

1. 개업공인중개사의 손해배상책임을 보장하기 위하여 공제사업을 할 수 있다.
2. 공제규정
   (1) 제정 변경시 국장의 승인 (2) 책임준비금의 적립비율 기재
3. 책임준비금
   (1) 적립비율 − 공제료 수입액의 100분의 10 이상
   (2) 책임준비금 전용시 국장의 승인
4. 지급여력비율 − 100분의 100이상
5. 운영위원회
6. 공제사업의 운용실적 공시 + 게시 − 공제계약자에게 3개월 이내 공시 + 게시
7. 금융감독원장 − 국토교통부장관의 요청시 공제사업에 대한 검사할 수 있다.
8. 국장 − 공제사업에 대한 개선명령, 시정명령, 징계 해임 요구

6. 운영위원회

1. 공제사업에 관한 사항 심의, 업무집행감독 위해 협회에 운영위원회를 둔다.
2. 성별 고려 19명 이내
3. 협회 관련운영위원은 3분의 1 미만으로 한다.
4. 위원장과 부위원장은 각각 1명, 위원 중에서 호선한다.
5. 공제조합 관련자로 5년 이상 종사자가 위원이 될 수 있다.
6. 금융기관 임원(현직 전직) ↔ 한국소비자원 임원(현직)
7. 임기는 2년, 1회에 한하여 연임가능
8. 보궐위원의 임기는 전임자의 잔여기간
9. 재적위원 과반수의 출석 : 개의
   출석위원 과반수의 찬성 : 의결

7. 감 독

1. 국장 ⇨ (협회, 지부, 지회)
2. 협회는 총회의 의결내용을 지체 없이 국토교통부장관에게 보고하여야 한다.

▶ **정책심의위원회 VS 운영위원회**

정책심의위원회	운영위원회
국토교통부에 둘 수 있다.	협회에 둔다.
위원장 포함 7~11	19명 이내
위원장 : 국토부 1차관	위원장 · 부위원장 : 호선
손좀 보 시 유	공제사업에 대한 감독
임기 2년	임기 2년 1회 한하여 연임
재적위원 과반수의 출석 : 개의 출석위원 과반수의 찬성 : 의결	재적위원 과반수의 출석 : 개의 출석위원 과반수의 찬성 : 의결

53-1 공인중개사협회에 대한 다음 내용 중 옳은 것은?

① 협회에 관하여 공인중개사법령에 규정된 것 외에는 「민법」 중 재단법인에 관한 규정을 적용한다.

② 협회의 창립총회를 개최할 경우 특별자치도에서는 20인 이상의 회원이 참여하여야 한다.

③ 협회는 국토교통부령이 정하는 바에 따라 특별시, 광역시, 도에 지부를 둔다.

④ 협회는 총회의 의결내용을 5일 이내 국토교통부장관에게 보고하여야 한다.

⑤ 협회의 지부에 대한 지도·감독은 시·도시자의 권한이며, 지회에 대한 지도·감독은 등록관청의 권한이다.

53-2 공인중개사법령상 공인중개사협회의 공제사업에 관한 설명으로 옳은 것은?

① 협회는 공제사업 운용실적을 매 회계연도 종료 후 3개월 이내에 일간신문 또는 협회보에 공시하고 협회의 인터넷 홈페이지에 게시하여야 한다.

② 협회는 공제사업을 하고자 하는 때에는 공제규정을 제정하여 국토교통부장관의 인가를 받아야 한다.

③ 금융감독원의 원장은 필요하다고 인정한 경우에는 협회의 공제사업에 관하여 검사를 할 수 있다.

④ 협회는 공제사업을 다른 회계와 구분하여 별도의 회계로 관리하여야 하며, 책임준비금을 다른 용도로 사용하고자 하는 경우에는 금융감독원의 승인을 얻어야 한다.

⑤ 책임준비금의 적립비율은 공제사고 발생률 및 공제금 지급액 등을 종합적으로 고려하여 결정하되 공제료 수입액의 100분의 10 이내로 정한다.

53-3 공인중개사법령상 공인중개사협회의 운영위원회에 대한 설명으로 틀린 것은?

> ㉠ 협회의 회장 및 임원인 운영위원의 숫자는 전체 운영위원의 수의 2분의 1 미만으로 한다.
> ㉡ 운영위원의 임기는 2년으로 하고 연임할 수 없다.
> ㉢ 한국소비자원의 임원이었거나 임원으로 재직 중인 사람은 운영위원으로 위촉될 수 있다.
> ㉣ 공제사업에 관한 사항을 심의하고 그 업무집행을 감독하기 위하여 국토교통부에 운영위원회를 둘 수 있다.

① ㉠, ㉡   ② ㉢, ㉣   ③ ㉠, ㉢, ㉣
④ ㉡, ㉢, ㉣   ⑤ ㉠, ㉡, ㉢, ㉣

53-4 공인중개사법령상 공인중개사협회의 운영위원회에 관한 설명으로 옳은 것은?

① 공제조합 관련 업무에 관한 학식과 경험이 풍부한 사람으로 해당 업무에 5년 이상 종사한 사람은 운영위원이 될 수 있다.
② 운영위원회는 성별을 고려하여 구성하되, 7명 이상 11명 이내로 구성한다.
③ 협회 회장이나 임원은 운영위원이 될 수 없다.
④ 운영위원회 위원장은 국토교통부 제1차관이다.
⑤ 운영위원회의 회의는 재적위원 과반수의 찬성으로 심의사항을 의결한다.

테마 54 보 칙

출|제|포|인|트

1. 포상금 지급 사유   🔒 양 부 모 와 7교사 아닌 광

```
1. 등록증, 자격증을 양도·대여 하거나 양수·대여 받은 자
2. 거짓 그 밖의 부정한 방법으로 중개사무소의 개설등록을 한 자
3. 중개사무소의 개설등록을 하지 아니하고 중개업을 한 자
4. 7가지 교란행위(시세조작, 단체, 개업공인중개사의 업무방해 - 특특높이방)
5. 개업공인중개사 아닌 자가 표시·광고를 한 경우
```

2. 포상금 지급 조건

```
1. 행정기관의 의하여 발각되기 전 신고 고발
   🔒 신고 고발 - 등록관청 또는 수사기관
2. 공소제기 또는 기소유예
   🔒 공소제기되어 무죄판결 나도 지급 ○    🔒 무혐의처분이 있으면 지급 ✕
```

3. 포상금 지급

```
1. 포상금 지급
   (I) 포상금 : 1건당 50만원     (2) 국고보조 비율 : 소요 비용의 100분의 50 이내
   (3) 포상금 지급 신청 : 등록관청   (4) 시기 : 포상금 지급결정일로부터 1개월 이내
2. 여러 사람이 신고·고발 한 경우
   (I) 공동 - 균등배분(단, 배분방법을 합의한 경우에는 합의된 방법에 따라 지급)
   (2) 2건 - 최초
```

4. 수수료   지방자치단체가 정하는 수수료

```
1. 공인중개사 자격시험에 응시하는 자
2. 공인중개사 자격증의 재교부를 신청하는 자
3. 중개사무소의 개설등록을 신청하는 자
4. 중개사무소등록증의 재교부를 신청하는 자
5. 분사무소설치의 신고를 하는 자
6. 분사무소설치신고확인서의 재교부를 신청하는 자
   🔒 자격증 교부 (✕), 거래정보사업자 지정신청 (✕), 휴업신고 (✕)
```

▶ 국토교통부장관이 시험을 시행하는 경우에는 국토교통부장관이 정하는 수수료를 납부하여야 한다.

5. 부동산거래질서교란행위 신고센터

1. 교란행위
2. 신고센터
   (1) 국토교통부장관이 교란행위 신고센터를 설치·운영할 수 있다.
   (2) 국토교통부장관은 신고센터업무를 한국부동산원에 위탁한다.
   (3) 한국부동산원은 운영규정을 제정하여 국토교통부장관의 승인을 받아야 한다.
3. 신고센터 업무
4. 신고서 제출: 서면(전자문서 포함)
5. 신고센터의 업무처리
   (1) 신고센터는 신고사항에 대하여 시·도지사 및 등록관청에 조사 및 조치요구 하여야 한다.
   (2) 시·도지사 및 등록관청은 신속하게 조사 및 조치를 완료하고 10일 이내 신고센터에 통보
   (3) 신고센터는 매월 10일까지 신고사항 접수 및 처리에 관한 사항 국토교통부장관에게 제출
6. 처리 종결
   신고내용이 명백히 거짓이거나 수사 중인 경우 등에 대해서는 국토교통부장관의 승인을 얻어 종결처리

🔒 업무정지 정리

1. 분사무소별로 업무정지 가능
2. 업무정지 기간의 2분의 1 범위 안에서 늘리거나 줄일 수 있다.
3. 늘릴 때에도 6개월을 초과할 수 없다.
4. 업무정지 기준기간은 국토교통부령으로 정한다.

🔒 가중처벌 정리

4번 이상 누적: 임등취
3번 누적: 업무정지
단, 업업..+ 업: 절등취

54-1 다음 중 공인중개사법령상 포상금 지급사유에 해당하는 자를 모두 묶은 것은?

> ㉠ 개업공인중개사 아닌 자 甲이 "공인중개사사무소"라는 문자를 사용한 경우
> ㉡ 개업공인중개사 乙이 제3자에게 부당한 이익을 얻게할 목적으로 거짓으로 거래가 완료된 것처럼 꾸미는 행위를 한 경우
> ㉢ 부녀회원 丙이 안내문, 온라인 커뮤니티 등을 이용하여 특정 개업공인중개사 등에 대한 중개의뢰를 제한 하거나 제한을 유도하는 행위를 한 경우
> ㉣ 개업공인중개사 丁이 중개대상물에 대하여 거짓으로 광고를 한 경우
> ㉤ 개업공인중개사가 戊가 단체를 구성하여 특정 중개대상물에 대한 중개를 제한하는 행위를 한 경우

① ㉡, ㉣, ㉤   ② ㉢, ㉣, ㉤   ③ ㉣, ㉤
④ ㉠, ㉡, ㉤   ⑤ ㉡, ㉢, ㉤

54-2 다음 중 포상금 지급에 대한 설명으로 옳은 것은?

① 포상금은 1인당 50만원으로 한다.
② 신고 또는 고발된 자에게 기소유예처분이 있는 경우에 포상금을 지급한다.
③ 행정기관에 의해서 발각된 후에 등록관청이나 수사기관에 신고 또는 고발한 자에게도 포상금을 지급한다.
④ 포상금을 지급 받고자 하는 자는 포상금 지급신청서를 등록관청 또는 수사기관에 제출하여야 한다.
⑤ 등록관청은 하나의 사건에 대하여 2건 이상의 신고 또는 고발이 접수된 경우에 균등하게 배분한다.

54-3 공인중개사법령상 포상금 제도에 대한 설명 중 옳은 것은?

① 개업공인중개사로서 부당한 이익을 얻을 목적으로 거짓으로 거래가 완료된 것처럼 꾸미는 등 중개대상물의 시세에 부당한 영향을 줄 우려가 있는 행위를 한 자를 신고한 자는 포상금을 받을 수 있다.

② 포상금은 신고 또는 고발 사건에 대해서 공소제기되어 유죄판결이 확정된 때 한하여 지급한다.

③ 포상금의 소요비용에 대해 국고보조는 100분의 50 이상으로 한다.

④ 포상금지급신청서를 제출받은 등록관청은 그 사건에 관한 수사기관의 처분내용을 조회한 후 포상금 지급을 결정하고 그 결정일로부터 2개월 이내에 포상금을 지급한다.

⑤ 포상금 지급 사유에 해당하는 자를 신고 또는 고발하여 검사가 공소제기하였으나 무죄판결이 확정된 경우에는 포상금을 지급하지 않는다.

54-4 공인중개사법령상 수수료납부 대상자에 해당하는 것은 모두 몇 개인가?

- 분사무소설치의 신고를 하는 자
- 공인중개사협회의 설립인가 신청을 하는 경우
- 중개사무소의 휴업을 신고하는 자
- 거래정보사업자로 지정신청을 하는 자
- 공인중개사 자격시험에 합격하여 공인중개사자격증을 처음으로 교부받는 자

① 1개   ② 2개   ③ 3개   ④ 4개   ⑤ 5개

54-5 부동산거래질서교란행위 신고센터의 설치·운영에 관한 설명 중 틀린 것은?

① 국토교통부장관은 부동산거래질서교란행위를 방지하기 위하여 부동산거래질서교란행위 신고센터를 설치·운영할 수 있다.

② 국토교통부장관이 신고센터 업무를 금융감독원에 위탁한다.

③ 부동산거래질서교란행위를 신고하려는 자는 일정한 사항을 기재한 서면(전자문서 포함)으로 제출하여야 한다.

④ 신고센터는 제출 받은 신고사항에 대해 시·도지사 및 등록관청 등에 조사 및 조치를 요구해야 한다.

⑤ 신고센터는 매월 10일까지 직전 달의 신고사항 접수 및 처리결과 등을 국토교통부장관에게 제출하여야 한다.

Answer 54-1 ⑤ 54-2 ② 54-3 ① 54-4 ① 54-5 ②

테마 55 자격취소 자격정지

출 | 제 | 포 | 인 | 트

1. 자격취소사유 자취하는 양부자가 이 형 금고를 훔쳤다.

1. 자격증 양도·대여한 자(성명)   2. 부정취득
3. 자격정지기간 중에 중개업무를 수행하거나 이중소속한 소속공인중개사
4. 이법, 형법 + 금고 이상 [집행유예 포함]

🔒 형법 : 사기, 배임, 횡령, 위조, 범죄단체조직죄

2. 자격정지사유

1. 이중소속 2. 거래계약서의 거짓 기재, 이중계약서 작성
3. 금지행위 4. 확인·설명을 잘못 한 경우
5. 인장등록 및 사용의무 위반
6. 거래계약서나 확인설명서에 서명 및 날인하지 않은 경우
🔒 자격정지의 기준 기간 : 이소 거 금(6월) / 확 인 날인 × (3월)

3. 자격취소와 자격정지처분의 비교

	자격취소	자격정지
대 상	공인중개사	소속공인중개사
권 한	자격증을 교부한 시·도지사	자격증을 교부한 시·도지사
필요한 절차	사무소 소재지 시·도지사	사무소 소재지 시·도지사
등록관청의 통지의무	×	○ (지체없이 시·도지사에 통보)
통 보	○ (5일 이내)	×
반 납	○ (7일 이내)	×
청 문	○	×

주의할 지문

1. 자격증을 교부한 시·도지사와 공인중개사 사무소 소재지를 관할하는 시·도지사가 서로 다른 경우에는 공인중개사 사무소 소재지를 관할하는 시·도지사가 자격취소 및 자격정지에 필요한 절차를 모두 이행한 후 자격증을 교부한 시·도지사에게 통보하여야 한다.
2. 등록관청은 소속공인중개사가 자격정지사유 중 어느 하나에 해당하는 사실을 알게 된 때에는 지체 없이 그 사실을 시·도지사에게 통보하여야 한다.
3. 시·도지사는 자격취소처분을 한 때에는 5일 이내에 이를 국토교통부장관과 다른 시·도지사에게 통보하여야 한다.

55-1 공인중개사법령상 소속공인중개사의 자격정지사유에 해당하는 것을 모두 고른 것은?

> ㉠ 권리를 취득하고자 하는 중개의뢰인에게 중개가 완성되기 전까지 등기사항증명서 등 확인·설명의 근거자료를 제시하지 않은 경우
> ㉡ 소속공인중개사가 공인중개사의 직무와 관련하여 형법상 사기죄로 징역 1년 집행유예 2년을 선고 받은 경우
> ㉢ 소속공인중개사가 다른 개업공인중개사인 법인의 임원이 된 경우
> ㉣ 중개대상물 확인·설명서를 교부하지 아니한 경우

① ㉠, ㉡   ② ㉠, ㉢   ③ ㉢, ㉣
④ ㉠, ㉡, ㉢   ⑤ ㉡, ㉢, ㉣

55-2 다음은 공인중개사 자격취소 및 자격정지에 관한 설명이다. 틀린 것은 모두 몇 개인가?

> ㉠ 공인중개사의 자격취소처분 및 자격정지처분은 자격증을 교부한 시·도지사 또는 사무소 소재지 관할 시·도지사가 행한다.
> ㉡ 사무소 소재지 관할 시·도지사는 자격취소 및 자격정지처분을 모두 이행한 후 자격증을 교부한 시·도지사에게 통보하여야 한다.
> ㉢ 등록관청은 소속공인중개사에 대한 자격취소 및 자격정지사유 중 어느 하나에 해당 하는 사실을 알게 된 때에는 지체 없이 그 사실을 시·도지사에게 통보하여야 한다.
> ㉣ 자격취소를 받은 공인중개사는 자격취소처분을 받은 날부터 7일 이내에 등록관청에 공인중개사자격증을 반납하여야 한다.
> ㉤ 공인중개사에 대하여 자격취소 및 자격정지처분을 하고자 하는 시·도지사는 청문을 실시하여야 한다.

① 1   ② 2   ③ 3
④ 4   ⑤ 5

테마 56   등록취소사유

출|제|포|인|트

1. 절대적 등록취소사유

1. 개인인 개업공인중개사가 사망, 법인의 해산
2. 부정 등록(= 거짓등록)
3. 업무정지기간 중 중개업무, 자격정지기간 중의 소속공인중개사로 하여금 중개업무
   를 하게 한 경우
4. 개업공인중개사의 이중 소속
5. 등록증 양도·대여한 경우 (성명, 상호 사용하게 한 경우)
6. 최근 1년 이내에 2회 이상 업무정지처분을 받고 다시 업무정지행위
7. 결격사유
8. 이중등록
9. 중개보조원을 5배 초과하여 고용한 경우

2. 임의적 등록취소사유

1. 부득이한 사유 없이 6개월을 초과하여 휴업
2. 임시 중개시설물 설치
3. 이중 사무소 (2 이상의 중개사무소를 둔 경우)
4. 법인개공의 겸업제한 위반
5. 손해배상책임을 보장하기 위한 조치 업무를 개시한 경우
6. 등록기준 미달
7. 정보공개의무 위반(7일 이내 공개 ×, 비공개 요청시 공개)
8. 최근 1년 이내 3회 이상 업무정지, 과태료처분 + 업무정지, 과태료 행위
9. 사업자단체(개업공인중개사단체)의 독점규제법상의 금지행위(담합)를 하여 과징금
   등을 2년 이내 2회 이상 받은 경우
10. 거래계약서의 거짓 기재, 이중계약서 작성
11. 금지행위

▶ 업무정지사유
1. 개업공인중개사가 감독관청의 감독상 명령 등을 위반한 경우
2. 개업공인중개사가 확인설명서에 날인 × 교부 × 보존 ×
3. 결격자인 고용인을 2개월 이내 해고 ×
4. 2회 이상 업무정지 또는 과태료 + 과태료 사유
5. 임의적 등록취소사유
🔒 업무정지사유가 불가능한 경우: 절등취 사유 과태료사유

56-1 다음 중 공인중개사법령상 등록관청이 인지하였다면 공인중개사인 개업공인중개사 甲의 중개사무소 개설등록을 취소하여야 하는 경우에 해당하지 않는 것은?

① 甲이 2020년 9월 12일에 개업공인중개사가 자격정지기간 중의 소속공인중개사로 하여금 거래계약서 작성 등 중개업무를 하도록 한 경우

② 공인중개사법령을 위반한 甲에게 2018년 9월 12일에 400만원 벌금형이 선고되어 확정된 경우

③ 甲이 휴업 중인 2020년 9월 12일에 다른 개업공인중개사의 사무실에서 소속공인중개사로 일하고 있는 경우

④ 甲이 최근 1년 이내에 공인중개사법령을 위반하여 3회 업무정지처분을 받고 다시 과태료처분에 해당하는 행위를 한 경우

⑤ 甲이 2020년 9월 12일에 다른 사람에게 자기의 성명을 사용하여 중개업무를 하게 한 경우

56-2 다음 개업공인중개사의 행위 중 중개사무소 개설등록을 반드시 취소해야 하는 사유가 아닌 것을 모두 고른 것은?

> ㉠ 부당한 이익을 얻을 목적으로 거짓으로 거래가 완료된 것처럼 꾸미는 등 중개대상물의 시세에 부당한 영향을 주는 행위를 한 경우
> ㉡ 거래계약서에 거래금액을 거짓으로 기재한 경우
> ㉢ 개업공인중개사가 개업공인중개사와 소속공인중개사의 합한 숫자의 5배를 초과하여 중개보조원을 고용한 경우
> ㉣ 최근 1년 이내에 업무정지 2회, 과태료 1회를 받고 다시 업무정지에 해당하는 행위를 한 경우
> ㉤ 손해배상책임을 보장하는 조치 없이 업무를 개시한 경우

① ㉠, ㉡, ㉤   ② ㉠, ㉢, ㉣   ③ ㉡, ㉣, ㉤

④ ㉢, ㉣, ㉤   ⑤ ㉠, ㉡, ㉢

56-3 다음 중 업무정지사유에 해당하지 않은 것은?

① 개업공인중개사가 정당한 사유 없이 관계공무원의 검사 또는 조사에 불응한 경우

② 공인중개사법령을 위반하여 2 이상의 중개사무소를 개설등록한 경우

③ 개업공인중개사가 확인·설명서를 교부하지 아니한 경우

④ 개업공인중개사가 천막 등 이동이 용이한 임시중개시설물을 설치한 경우

⑤ 결격사유에 해당하는 중개보조원을 두고 2개월 내에 그 사유를 해소하지 아니한 경우

테마 57 승계제도

출 | 제 | 포 | 인 | 트

1. 행정처분 효과 승계

폐업 전 받은 행정처분의 효과는 처분일로부터 1년간 승계 된다.

🔒 2020. 11. 16. 공인중개사법에 따라 과태료부과처분을 받았으나 2020. 12. 16. 폐업신고를 하였다가 2021. 10. 15. 다시 중개사무소 개설등록을 하였다면 위 과태료부과처분의 효과는 승계된다. (○)

2. 위반행위 승계 ○ (원칙)

1. 폐업신고 전 위반행위에 대하여 행정처분을 할 수 있다.
2. 행정처분 함에 있어서는 폐업기간과 폐업의 사유 등을 고려하여야 한다.
3. 폐업 전의 위반행위로 재등록개업공인중개사가 등록취소처분을 받은 경우에는 3년 에서 폐업기간을 공제한 기간 동안 결격사유에 해당한다.

3. 위반행위 승계 × (예외)

1. "폐업기간"이 3년을 초과한 경우 등록취소 × (= 행정처분 ×)
2. "폐업기간"이 1년을 초과한 경우 업무정지 ×

🔒 공인중개사법령 위반으로 2018. 2. 3. 등록취소처분에 해당하는 행위를 하였으나 2018. 3. 6. 폐업신고를 하였다가 2020. 10. 16. 다시 중개사무소 개설등록을 한 경우 그에게 종전 위반행위에 대한 등록취소처분을 할 수 없다. (×)

4. 시효제도

1. 업무정지사유가 발생한 날부터 3년이 경과한 때에는 업무정지 ×
2. 자격정지, 등록취소사유는 시효제도가 없음에 주의 할 것

🔒 등록취소사유에 해당하는 위반행위를 하고 3년이 경과한 자에 대해서 등록취소처분을 할 수 없다. (×)

57-1 공인중개사법령상 행정제재처분효과의 승계 등에 관한 설명으로 옳은 것을 모두 고른 것은?

> ㉠ 폐업신고 전에 개업공인중개사에게 한 업무정지처분의 효과는 그 처분일부터 2년간 재등록 개업공인중개사에게 승계된다.
> ㉡ 폐업기간이 2년을 초과한 재등록 개업공인중개사에 대해 폐업신고 전의 중개사무소 업무정지사유에 해당하는 위반행위를 이유로 행정처분을 할 수 없다.
> ㉢ 폐업신고 전에 개업공인중개사에게 한 과태료부과처분의 효과는 그 처분일부터 10개월 된 때에 재등록을 한 개업공인중개사에게 승계된다.
> ㉣ 폐업기간이 3년 6개월이 지난 재등록 개업공인중개사에게 폐업신고 전의 중개사무소 개설등록 취소사유에 해당하는 위반행위를 이유로 개설등록 취소처분을 할 수 없다.

① ㉠　　　　　　　② ㉠, ㉣　　　　　　　③ ㉡, ㉢
④ ㉡, ㉢, ㉣　　　　⑤ ㉠, ㉡, ㉢, ㉣

57-2 개업공인중개사 甲, 乙, 丙에 대한 「공인중개사법」 제40조(행정제재처분효과의 승계 등)의 적용에 관한 설명으로 옳은 것을 모두 고른 것은?

> ㉠ 甲이 2020. 11. 16. 「공인중개사법」에 따른 과태료부과처분을 받았으나, 2020. 12. 16. 폐업신고를 하였다가 2021. 10. 15. 다시 중개사무소의 개설등록을 하였다면, 위 과태료부과처분의 효과는 승계된다.
> ㉡ 乙이 2020. 8. 1. 국토교통부령으로 정하는 전속중개계약서에 의하지 않고 전속중개계약을 체결한 후, 2020. 9. 1. 폐업신고를 하였다가 2021. 10. 1. 다시 중개사무소의 개설등록을 하였다면, 등록관청은 업무정치처분을 할 수 있다.
> ㉢ 丙이 2018. 8. 5. 다른 사람에게 자기의 상호를 사용하여 중개업무를 하게 한 후, 2018. 9. 5. 폐업신고를 하였다가 2021. 10. 5. 다시 중개사무소의 개설등록을 하였다면, 등록관청은 개설등록을 취소해야 한다.

① ㉠　　　　　　　② ㉠, ㉡　　　　　　　③ ㉠, ㉢
④ ㉡, ㉢　　　　　　⑤ ㉠, ㉡, ㉢

Answer 57-1 ④　　57-2 ①

테마 58 | 행정형벌

출|제|포|인|트

1. 3년 / 3천

1. 부정등록자
2. 무등록개업공인중개사
3. 직접거래, 쌍방대리
4. 투기조장행위(미등기전매 알선)
5. 양도금지증서(통장, 입주권) 중개, 매매업
6. 시세조작
7. 단체(특정 중개대상물 중개제한 / 비회원 공동중개 제한)
8. 개업공인중개사의 업무를 방해(특특높이방)

2. 1년 / 1천

1. 아닌 자가 사용한 경우
2. 비밀 준수 의무위반
3. 등록증, 자격증 양도·대여한 자, 받은 자(성명, 상호 사용하게 한 경우), 알선한 자
4. 임시중개시설물 설치   5. 이중사무소설치(2 이상의 중개사무소 설치)
6. 이중등록   7. 이중소속   8. 초과보수 초과 실비
9. 무등록개업공인중개사와의 협조행위
10. 판단을 그르치게 하는 행위   11. 중개대상물 매매업
12. 사업자가 개업공인중개사 이외의 자로부터 의뢰 받거나, 다르게 공개, 차별적 공개
13. 중개보조원을 개공과 소공 합한 숫자의 5배를 초과하여 고용한 경우

3. 양벌규정

1. 소속공인중개사·중개보조원 또는 개업공인중개사인 법인의 사원·임원이 중개 업무에 관하여 행정형벌에 해당하는 위반행위를 한 때에는 그 행위자를 벌하는 외에 그 개업공인중개사에 대하여도 해당 조에 규정된 벌금형을 과한다.
2. 다만, 개업공인중개사가 그 위반행위를 방지하기 위하여 해당업무에 관하여 상당한 주의와 감독을 게을리하지 아니한 경우에는 그러하지 않다.

🔒 개업공인중개사는 결격자 ×, 등록취소 ×

58-1 공인중개사법령상 법정형이 1년 이하의 징역 또는 1천만원 이하의 벌금에 해당하는 자를 모두 고른 것은?

> ㉠ 공인중개사가 아닌 자로서 공인중개사 명칭을 사용한 자
> ㉡ 개업공인중개사가 단체를 구성하여 단체 구성원 이외의 자와 공동중개를 제한하는 행위
> ㉢ 개업공인중개사로부터 공개를 의뢰받지 아니한 중개대상물의 정보를 부동산거래정보망에 공개한 거래정보사업자
> ㉣ 안내문, 온라인 커뮤니티 등을 이용하여 특정 개업공인중개사 등에 대한 중개의뢰를 제한하거나 제한을 유도하는 행위

① ㉠, ㉣   ② ㉡, ㉢   ③ ㉠, ㉢
④ ㉡, ㉣   ⑤ ㉠, ㉡, ㉢, ㉣

58-2 공인중개사법상 1년 이하의 징역 또는 1,000만원 이하의 벌금에 처할 수 있는 경우가 아닌 것은?

① 소속공인중개사가 업무상 알게 된 비밀을 누설한 경우
② 아파트분양권 매매업을 한 소속공인중개사
③ 부당한 이익을 얻을 목적으로 거짓으로 거래가 완료된 것처럼 꾸미는 등 중개대상물의 시세에 부당한 영향을 주는 행위를 한 자
④ 다른 사람에게 자기의 성명을 사용하여 중개업무를 하게 한 자
⑤ 둘 이상의 중개사무소에 소속된 중개보조원

58-3 다음 중 위반행위에 대한 법정 형량이 다른 것은?

① 정당한 사유 없이 개업공인중개사의 정당한 표시·광고를 방해하는 행위
② 개업공인중개사 등에게 중개대상물을 시세보다 현저하게 높게 표시·광고하도록 강요하는 행위
③ 개업공인중개사가 이전등기되지 아니한 부동산의 전매를 알선한 경우
④ 안내문, 온라인 커뮤니티 등을 이용하여 특정 가격 이하로 중개의뢰 하지 아니하도록 유도하는 행위
⑤ 고용한 중개보조원의 숫자가 법정 고용인원 수를 초과한 경우

Answer 58-1 ③   58-2 ③   58-3 ⑤

테마 59 ┃ **과태료**(부과절차 : 질서위반행위규제법)

출┃제┃포┃인┃트

1. 500과

1. 연수교육 × (개업공인중개사, 소속공인중개사)
2. 정확하게 확인·설명을 하지 않은 경우(개업공인중개사)
3. 부당표시·광고(개업공인중개사)
4. 중개보조원이 고지의무를 위반 한 경우(중개보조원)
5. 통신자료제출 × (통신서비스제공자)
6. 운용실적을 공시 × 개선명령 × 시정명령 × 명령 등 위반(협회)
7. 운영규정 승인 × 위반·명령 등 위반(거래정보사업자)

2. 100과

1. 손해배상책임 보장에 관한 사항을 설명 ×, 보증관계 증서 사본 교부 ×
2. 반납 × (자격증, 등록증)
3. 이전신고 ×
4. 휴업·폐업 재개 변경 신고 ×
5. 게시의무 위반
6. 명칭사용의무 위반
7. 부칙 개공이 공인중개사 명칭을 사용한 경우
8. 표시·광고할 때 명시의무사항 명시 ×
9. 옥외광고물에 성명을 표기 × 허위표기

▶ 간판철거사유에 해당하는 데 철거 하지 아니한 경우 – 과태료 사유 아님

3. 부과징수권

국토교통부장관	500과	협회 통신 사업자
시·도지사	500과(연수교육×)	개공 / 소공
	100과(자격증 반납×)	공인중개사
등록관청	500과(확인·설명 잘못) (부당표시·광고)	개공
	100과(등록증 반납×)	개공
	500과(고지의무 위반)	중개보조원 / 개공

59-1 과태료부과처분대상자, 부과금액기준, 부과권자가 옳게 연결된 것은?

① 국토교통부장관의 중개대상물에 대한 표시·광고가 규정을 준수했는지 여부를 모니터링 하기 위한 관련 자료 제출 요구를 정당한 사유 없이 따르지 아니한 정보통신서비스 제공자 − 100만원 이하 − 국토교통부장관

② 개업공인중개사가 중개대상물에 대하여 부당한 표시·광고를 한 경우 − 100만원 이하 − 등록관청

③ 개업공인중개사가 중개대상물에 대하여 정확하게 설명하지 않은 경우 − 500만원 이하 − 등록관청

④ 중개보조원은 현장안내 등 중개업무를 보조하는 경우 중개의뢰인에게 본인이 중개보조원이라는 사실을 미리 알리지 않은 경우 − 100만원 이하 − 등록관청

⑤ 공인중개사 자격이 취소되었음에도 공인중개사자격증을 반납하지 아니한 자 − 100만원 이하 − 등록관청

⑥ 정당한 사유 없이 연수교육을 받지 아니한 개업공인중개사 − 500만원 이하 − 등록관청

59-2 다음 중 100만원 이하의 과태료 사유에 해당하지 않은 것은?

① 부칙 제6조 제2항의 개업공인중개사가 그 사무소 명칭에 "공인중개사사무소"의 문자를 사용한 경우

② 폐업신고한 후 중개사무소의 간판을 철거하지 아니한 개업공인중개사

③ 중개대상물에 대한 표시·광고할 때 중개사무소 명칭을 누락한 개업공인중개사

④ 옥외광고물에 성명을 거짓으로 표기한 자

⑤ 개업공인중개사가 중개완성된 때 중개의뢰인에게 손해배상책임에 관한 사항을 설명하지 아니한 경우

Answer 59-1 ③   59-2 ②

복습문제

본문의 문제를 하나로 모아
다시 한 번 복습할 수 있도록 하였습니다.

01-1 甲구에 중개사무소를 둔 개업공인중개사 A와 소속공인중개사 B가 매도인 C와 매수인 D간의 乙구 아파트에 대한 매매계약을 알선한 경우에 다음 설명 중 옳은 것은?

① A는 취득일로부터 30일 이내에 乙구청장에게 부동산거래신고를 하여야 한다.

② B는 A를 대신하여 부동산거래계약신고서를 乙구청장에게 전자문서로 제출할 수 있다.

③ 乙구청장은 신고내용을 확인한 후 신고인에게 신고필증을 즉시 발급하여야 한다.

④ A가 부동산거래계약신고서를 제출할 때 신고서에 C와 D는 서명 또는 날인할 의무는 없다.

⑤ 乙 구청장은 신고내용을 조사한 경우 조사결과를 매월 1회 국토교통부장관에게 보고하여야 한다.

01-2 다음 「부동산 거래신고 등에 관한 법률」상 부동산거래신고에 대한 설명 중 옳은 것은?

① 부동산거래신고를 일방이 거부한 경우에 다른 일방은 거래신고를 하는 경우에는 사유서와 거래계약서 사본을 첨부하여야 한다.

② 관할세무관서의 장은 부동산거래신고사항에 대해서 부동산거래가격 검증체계에 의하여 그 적정성을 검증하여야 한다.

③ 거래당사자 중 일방이 국가, 지방자치단체, 대통령령으로 정하는 자의 경우에 부동산거래신고의무는 면제된다.

④ 부동산거래계약시스템을 통하여 부동산 거래계약을 체결한 경우에도 부동산거래계약 신고서를 별도로 신고관청에 제출하여야 한다.

⑤ 소속공인중개사 부동산거래계약신고서의 제출을 대행하는 경우에는 개업공인중개사의 신분증명서 사본이 첨부된 위임장을 제출하여야 한다.

02-1 조정대상지역 및 투기과열지구 외의 공동주택을 매도인 甲과 매수인 乙이 6억원에 매매계약을 체결하게 개업공인중개사 丙이 중개하여 매매계약서를 작성·교부한 경우에 부동산거래신고 하여야 할 사항에 해당하는 것을 모두 고르세요?

> ㉠ 자금조달계획증명자료
> ㉡ 중도금 지급일
> ㉢ 위탁관리인의 인적사항(乙이 국내에 주소 거소를 두지 않은 경우)
> ㉣ 거래대상주택의 취득에 필요한 자금의 조달계획 및 지급방식
> ㉤ 개설등록한 중개사무소의 상호

① ㉡, ㉢, ㉣, ㉤
② ㉡, ㉢, ㉤
③ ㉠, ㉡, ㉢, ㉣, ㉤
④ ㉡, ㉢, ㉣
⑤ ㉠, ㉡, ㉢, ㉣

02-2 울산광역시 내 550제곱미터 토지의 지분 2분의 1을 5천만원에 매도인 甲과 매수인 乙이 개업공인중개사 丙의 중개로 매매계약을 체결한 경우 부동산거래신고때 신고 사항에 해당하는 것으로 모두 묶인 것은? (매수인 乙은 국가 등은 아니고 해당 토지는 토지거래허가구역에 포함되어 있지 않음)

> ㉠ 거래대상토지의 취득에 필요한 자금의 조달계획
> ㉡ 개업공인중개사 丙의 중개사무소 소재지
> ㉢ 매도인 甲의 인적사항
> ㉣ 거래대상토지의 이용계획

① ㉠, ㉣
② ㉠, ㉡, ㉢, ㉣
③ ㉡, ㉢
④ ㉠, ㉢, ㉣
⑤ ㉡, ㉢, ㉣

03-1 다음 부동산거래계약신고서의 기재요령에 대한 설명 중 옳은 것은?

① 계약대상 면적은 실제거래면적을 적되, 건축물 면적은 집합건축물의 경우에는 연면적, 단독건축물인 경우에는 전용면적을 기재해야 한다.

② 소재지는 지번(아파트 등 집합건물의 경우에는 동 호수)까지, 지목·면적·대지권비율은 토지대장상의 지목·면적 대지권비율을 적는다.

③ 전매는 부동산을 취득할 수 있는 권리의 매매로서 "분양권" 또는 "입주권"에 √ 표시한다.

④ 거래대상의 종류가 공급계약 또는 전매인 경우 "물건별 거래가격"과 "총 실제거래가격(전체)"란에는 부가가치세를 제외한 금액을 적는다.

⑤ "물건별 거래가격란"에는 둘 이상의 부동산을 함께 거래하는 경우 각각의 부동산별 거래금액의 합계금액을 적는다.

03-2 부동산 거래신고 등에 관한 법령상 부동산 매매계약에 관한 신고사항 및 신고서의 작성에 관한 설명으로 틀린 것은?

① 거래당사자가 다수인 경우 매수인 또는 매도인의 주소란에 각자의 거래지분 비율을 표시한다.

② '종전 부동산'란은 입주권매매의 경우에만 작성하고 '거래금액'란에는 추가지불액 및 권리가격의 합계금액, 계약금, 중도금, 잔금을 적는다.

③ '거래대상의 종류' 중 '임대주택 분양전환'은 임대주택사업자(법인에 한함)가 임대기한이 완료되어 분양전환하는 주택인 경우에 √ 표시를 한다.

④ 거래당사자가 외국인인 경우 거래당사자의 국적을 반드시 기재하여야 하며, 매수용도를 기재한다.

⑤ '총 실제거래가격'란에는 둘 이상의 부동산을 함께 거래한 경우 각각의 부동산별 거래가격을 적는다.

04-1 부동산거래신고의 변경신고를 할 수 있는 사유가 아닌 것은?

① 공동매수의 경우 일부 매수인의 추가

② 지급위탁인의 주소

③ 상가건물거래의 조건

④ 거래가격

⑤ 거래지분

04-2 다음 부동산거래신고제도에 관한 설명 중 틀린 것은 몇 개인가?

> ㉠ 토지거래허가를 받은 경우에는 부동산거래신고는 하지 않아도 된다.
> ㉡ 거래신고 후에 매도인이 매매계약을 취소하면 매도인이 단독으로 취소신고를 신고관청에 해야 한다.
> ㉢ 개업공인중개사가 부동산거래신고필증을 발급 받은 때에는 매수인은 「부동산등기 특별조치법」에 따른 검인을 받은 것으로 본다.
> ㉣ 개업공인중개사가 부동산거래신고를 한 경우에는 거래당사자가 있음에도 불구하고 개업공인중개사가 해제 등 신고를 하여야 한다.
> ㉤ 개업공인중개사는 부동산거래계약 신고 내용 중 "거래가격"이 변경된 경우에는 등기신청 전에 신고내용의 변경을 신고하여야 한다.

① 1   ② 2   ③ 3

④ 4   ⑤ 5

05-1 다음 부동산거래신고의무를 위반한 경우의 제재에 대한 연결 중 옳은 것은?

① 거짓으로 부동산거래신고를 하는 행위를 조장하거나 방조한 자 – 취득가액의 100분의 10 이하의 과태료

② 이득을 얻을 목적으로 부동산거래를 하지 않았음에도 불구하고 거짓으로 부동산거래신고를 한 경우 – 3,000만원 이하의 과태료

③ 부동산거래신고를 거짓으로 신고한 자 – 취득가액의 100분의 5 이하의 과태료

④ 부동산거래계약 해제 등 신고를 하지 아니한 거래당사자 – 500만원 이하의 과태료

⑤ 거래대금지급증명자료 외 자료를 제출하지 아니하거나 거짓으로 제출하게 한 자 – 3,000만원 이하의 과태료

05-2 부동산 거래신고 등에 관한 법령상 자진 신고한 자에게 과태료를 감경 또는 면제할 수 있는 경우는?

① 개업공인중개사로 하여금 거짓된 내용의 부동산 거래내용을 신고하도록 요구한 사실을 자진 신고한 경우

② 매매계약을 체결하지 아니하였음에도 불구하고 거짓으로 부동산 거래신고를 한 자 사실을 자진 신고한 경우

③ 거래대금지급증명자료 외의 자료를 제출하지 아니하거나 거짓으로 제출한 사실을 자진 신고한 경우

④ 「국세기본법」 또는 「지방세법」 등 관련 법령을 위반한 사실 등이 관계기관으로부터 신고관청에 통보된 경우

⑤ 자진 신고한 날부터 과거 1년 이내에 자진 신고를 하여 3회 이상 과태료의 감경 또는 면제를 받은 경우

06-1 개업공인중개사 丙이 A광역시 B군에 소재하는 甲 소유의 X건물을 乙이 주거용으로 임차하는 계약을 중개하고 임대차 계약서를 작성한 후 부동산 거래신고 등에 관한 법령상 주택임대차계약의 신고에 관하여 甲과 乙에게 설명한 내용이다. 옳은 것은?

① 甲과 乙이 임대차 계약의 신고를 한 후 보증금 및 차임의 증감 없이 임대차 기간만 연장하는 계약을 한 경우에도 주택임대차계약의 변경신고를 하여야 한다.

② X건물이 오피스텔인 경우에 甲과 乙은 주택임대차계약신고의무가 있다.

③ X건물이 보증금 6천만원, 월차임 30만원인 경우에 임대차신고의무가 있다.

④ 乙이 전입신고를 한 경우에도 이 법에 따른 주택임대차계약의 신고를 하여야 한다.

⑤ 丙은 계약체결일부터 30일 이내에 주택임대차계약의 신고를 해야 한다.

06-2 주택임대차신고제도에 관한 설명 중 틀린 것은?

① 신고대상 주택은 「주택임대차보호법」 제2조에 따른 주택을 말한다.

② 임대차계약 당사자 중 일방이 국가 등인 경우에는 주택임대차신고는 하지 않아도 된다.

③ 임대차계약당사자는 해당 주택 임대차 계약의 보증금, 차임 등 임대차 가격이 변경된 때에는 변경이 확정된 날부터 30일 이내에 해당 신고관청에 공동으로 신고하여야 한다.

④ 주택임대차신고를 거짓으로 한 자는 100만원 이하의 과태료 사유에 해당한다.

⑤ 주택임대차신고의 접수를 완료한 때에는 「주택임대차보호법」 제3조의6 제1항에 따른 확정일자를 부여한 것으로 본다(임대차계약서가 제출된 경우로 한정한다).

07-1 개업공인중개사가 국내 부동산 등을 취득하려는 외국인에게 설명한 것으로 옳은 것은?

> ㉠ 「자연환경보전법」 제2조 제12호에 따른 생태·경관보전지역의 토지에 대한 허가신청을 한 경우에 30일 이내에 허가 또는 불허가 처분을 하여야 한다.
> ㉡ 외국인이 국내 토지를 증여받은 경우에는 취득일로부터 6개월 이내에 신고관청에게 신고하여야 한다.
> ㉢ 취득신고를 하지 아니한 외국인이 자진신고를 한 경우에는 과태료를 감경 또는 면제할 수 있다.
> ㉣ 외국인등이 허가 없이 「자연유산의 보존 및 활용에 관한 법률」에 따라 지정된 천연기념물등과 이를 위한 보호물 또는 보호구역 안의 토지를 취득하는 계약을 체결한 경우 그 계약은 효력이 발생하지 않는다.

① ㉠
② ㉠, ㉢
③ ㉡, ㉢
④ ㉡, ㉣
⑤ ㉢, ㉣

07-2 개업공인중개사가 외국인에게 부동산 거래신고 등에 관한 법령상의 외국인 특례의 내용을 설명한 것으로 옳은 것은?

① 상속으로 취득한 때는 이를 신고하지 않거나 거짓으로 신고한 경우 300만원 이하의 과태료가 부과된다.
② 토지거래허가구역 내 토지거래계약에 관한 허가를 받은 경우에는 외국인 등 특례에 따른 토지취득허가를 받지 않아도 된다.
③ 외국인특례에 따라 부동산 등 취득의 신고를 하지 아니하거나 거짓으로 신고한 자는 2년 이하의 징역 또는 2천만원 이하의 벌금에 처한다.
④ 외국의 법령에 따라 설립된 법인이 자본금의 2분의 1을 가지고 있는 법인은 "외국인 등"에 해당하지 않는다.
⑤ 신고관청은 신고 및 허가 내용을 매 분기 종료일로부터 1개월 이내에 국토교통부장관에게 제출하여야 한다.

08-1 다음 「부동산 거래신고 등에 관한 법률」상의 토지거래계약허가에 관한 내용 설명 중 틀린 것을 모두 고른 것은?

> ㉠ 허가구역의 지정은 이를 공고하고 일반이 열람할 수 있는 날로부터 5일 후에 그 효력이 발생한다.
> ㉡ 국토교통부장관 또는 시·도지사가 토지거래허가구역을 지정하고자 하는 경우에는 도시계획심의위원회의 심의 전에 시·도지사 또는 시장·군수 또는 구청장의 의견을 청취하여야 한다.
> ㉢ 허가구역지정 공고내용의 통지를 받은 시장·군수 또는 구청장은 지체 없이 그 공고 내용을 그 허가구역을 관할하는 세무서장에게 통지하여야 한다.
> ㉣ 국토교통부장관은 허가구역의 지정 사유가 없어졌다고 인정되면 중앙도시계획위원회의 심의를 거쳐 허가구역의 지정을 해제하여야 한다.

① ㉠, ㉡   ② ㉡, ㉢   ③ ㉡, ㉣
④ ㉠ ㉢, ㉣   ⑤ ㉠, ㉡, ㉢

08-2 「부동산 거래신고 등에 관한 법률」상의 토지거래허가구역 내 토지거래계약 허가대상에 관한 설명 중 옳은 것은? (국토교통부장관 또는 시·도지사가 별도의 기준면적을 정하지 않았다)

① 허가구역 지정시 농림지역 내 지목이 전(田) $1000m^2$의 토지를 $300m^2$로 분할 후 바로 매수하는 경우에 토지거래허가를 받지 않아도 된다.

② 보전녹지지역 내 임야 $300m^2$를 매수하는 경우에는 토지거래허가를 받지 않아도 된다.

③ 법원경매로 전용주거지역 내 $200m^2$의 토지를 매수하는 경우에 토지거래허가를 받아야 한다.

④ 생산관리지역 내 답 $500m^2$를 매수하는 경우에 토지거래허가를 받아야 한다.

⑤ 자연녹지지역 내 대 $300m^2$에 대해 지상권설정계약을 체결해서 지상권을 취득하고자 하는 자는 토지거래허가를 받아야 한다.

09-1 부동산 거래신고 등에 관한 법령상 토지거래계약의 허가와 관련된 설명으로 틀린 것은?

① 허가를 받으려는 매수인과 매도인은 공동으로 허가신청서를 토지 소재지 관할 시·도지사에게 제출해야 한다.

② 토지거래허가신청서에는 개업공인중개사의 정보에 관한 사항을 기재하여야 한다.

③ 허가구역에 있는 토지거래에 대한 처분에 이의가 있는 자는 그 처분을 받은 날부터 30일 이내에 시장·군수 또는 구청장에게 이의를 신청할 수 있다.

④ 토지거래허가신청에 대해 불허가처분을 받은 자는 그 통지를 받은 날부터 1개월 이내에 시장·군수 또는 구청장에게 해당 토지에 관한 권리의 매수를 청구할 수 있다.

⑤ 매수청구를 받은 시장·군수 또는 구청장은 매수할 자로 하여금 예산의 범위 안에서 감정가를 기준으로 하여 해당 토지를 매수하게 하여야 한다.

09-2 부동산거래신고 등에 관한 법령상 토지거래계약 허가와 관련된 선매제도에 대한 설명 중 틀린 것은 몇 개인가?

> ㉠ 토지거래계약 허가를 신청하였으나 공익사업용 토지에 한하여 선매협의대상으로 한다.
> ㉡ 시장·군수·구청장은 토지거래계약 허가의 신청이 있는 날부터 15일 이내에 선매자를 지정하여 토지소유자에게 통지하여야 한다.
> ㉢ 선매자로 지정된 자는 지정 통지를 받은 날로부터 1개월 이내에 매수가격 등 선매조건을 기재한 서면을 토지소유자에게 통지하여 선매협의를 하여야 한다.
> ㉣ 선매자의 매수가격은 공시지가를 기준으로 한다.
> ㉤ 선매협의가 이루어지지 아니한 때에는 토지거래계약에 관한 허가신청에 대하여 불허가처분을 하여야 한다.

① 1   ② 2
③ 3   ④ 4
⑤ 5

10-1 다음 「부동산 거래신고 등에 관한 법률」상의 토지이용의무와 이행강제금에 대한 설명 중 옳은 것은?

① 토지를 수용 또는 사용하여 사업을 시행하는 자는 4년 동안 허가 받은 목적대로 토지를 이용할 의무가 있다.

② 시장·군수 또는 구청장은 이용의무 위반행위가 있었던 날을 기준으로 1년에 한 번씩 그 이행명령이 이행될 때까지 반복하여 이행강제금을 부과·징수할 수 있다.

③ 토지거래계약 허가를 받아 토지를 취득한 자가 당초의 목적대로 이용하지 아니하고 방치한 경우에는 토지 취득가액의 100분의 7에 상당하는 금액의 이행강제금을 부과한다.

④ 시장·군수 또는 구청장은 이용의무 기간이 지난 후에도 이행강제금을 부과할 수 있다.

⑤ 이행강제금의 부과처분에 불복하는 자는 고지를 받은 날로부터 1개월 이내에 시장·군수·구청장에게 이의제기를 할 수 있다.

10-2 다음 「부동산 거래신고 등에 관한 법률」상의 토지이용의무와 이행강제금에 대한 설명 중 옳은 것은?

① 토지거래계약을 허가받은 자는 대통령령으로 정하는 사유가 있는 경우 외에는 토지 취득일부터 5년간 그 토지를 허가받은 목적대로 이용해야 한다.

② 이행명령을 문서로 하며 이행기간은 6개월 이내로 정하여야 한다.

③ 토지의 이용의무를 이행하지 않아 이행명령을 받은 자가 그 명령을 이행하는 경우에는 새로운 이행강제금의 부과를 즉시 중지하고, 명령을 이행하기 전에 이미 부과된 이행강제금을 징수해서는 안 된다.

④ 이행강제금 부과시 토지 취득가액은 실제거래가격으로 한다.

⑤ 토지거래계약 허가를 받아 토지를 취득한 자가 직접 이용하지 아니하고 임대한 경우에는 토지 취득가액의 100분의 5에 상당하는 금액을 이행강제금으로 부과한다.

11-1 다음 「부동산 거래신고 등에 관한 법률」상의 포상금 제도에 관한 설명 중 옳은 것은?

① 주택임대차계약신고를 거짓으로 한 자를 신고한 자는 부과과태료의 20%를 포상금으로 지급한다.

② 해당 위반행위를 하거나 위반행위에 관여한 자가 신고하거나 고발한 경우에는 포상금을 지급하지 않는다.

③ 토지거래허가 받은 목적대로 이용하지 않은 자를 허가관청에 신고한 자에 대한 포상금은 허가관청이 이행강제금을 부과한 경우에 지급한다.

④ 신고관청 또는 허가관청은 신청서가 접수된 날부터 1개월 이내에 포상금을 지급하여야 한다.

⑤ 포상금의 지급에 드는 비용은 100분의 50 범위 내에서 국고에서 보조할 수 있다.

11-2 부동산 거래신고 등에 관한 법령상 포상금의 지급에 관한 설명으로 틀린 것을 모두 고른 것은?

> ㉠ 제11조 제1항에 따른 토지거래허가 또는 변경허가를 받지 아니하고 토지거래계약을 체결한 자를 신고 또는 고발한 자에 대한 포상금은 50만원이다.
> ㉡ 부동산 등의 실제 거래가격을 거짓으로 신고한 자를 신고하거나 고발한 자에 대해서는 부과되는 과태료의 100분의 10에 해당하는 금액을 포상금으로 지급한다. 이 경우에 지급한도액은 1천만원으로 한다.
> ㉢ 신고관청은 하나의 위반행위에 대하여 2명 이상이 각각 신고한 경우에는 포상금을 균등하게 배분하여 지급한다.

① ㉠

② ㉠, ㉡

③ ㉠, ㉢

④ ㉡, ㉢

⑤ ㉠, ㉡, ㉢

12-1 다음 분묘기지권 및 「장사 등에 관한 법률」에 대한 설명으로 옳은 것은?

① 사성(무덤 뒤를 반달형으로 둘러쌓은 둔덕)이 조성되어 있다면 그 사성부분을 포함한 지역에까지 분묘기지권이 미친다.

② 분묘기지권에는 그 효력이 미치는 범위 안에서 원래의 분묘를 다른 곳으로 이장할 권능은 포함되지 않는다.

③ 분묘기지권을 시효로 취득한 경우, 분묘기지권자는 토지소유자가 지료를 청구하면 그 분묘기지권이 성립한 날부터 지료를 지급할 의무가 있다.

④ 「장사 등에 관한 법률」이 시행된 이후에 타인소유의 토지에 소유자의 승낙 없이 분묘를 설치한 경우에 20년간 평온·공연하게 그 분묘의 기지를 점유하면 분묘기지권은 인정된다.

⑤ 자기 소유 토지에 분묘를 설치한 자가 그 토지를 양도하면서 분묘를 이장하겠다는 특약을 하지 않음으로써 분묘기지권을 취득한 경우, 특별한 사정이 없는 한 토지소유자의 지료 청구가 있는 날로부터 지료를 지급할 의무가 있다.

12-2 개업공인중개사가 토지를 중개하면서 분묘기지권에 대해 설명한 내용으로 틀린 것을 모두 고른 것은? (다툼이 있으면 판례에 의함)

> ⊙ 분묘기지권이 인정되는 분묘가 멸실되었더라도 유골이 존재하여 분묘의 원상회복이 가능하고 일시적인 멸실에 불과하다면 분묘기지권은 소멸하지 않는다.
> ⓛ 분묘기지권의 존속기간은 지상권의 존속기간에 대한 규정이 유추적용되어 30년으로 인정된다.
> ⓒ 분묘기지권은 권리자가 의무자에 대하여 그 권리를 포기하는 의사표시를 하는 외에 점유까지도 포기해야만 그 권리가 소멸하는 것은 아니다.
> ⓔ 토지소유자의 승낙에 의하여 성립하는 분묘기지권의 경우 성립 당시 토지소유자와 분묘의 수호·관리자가 지료 지급의무의 존부에 관하여 약정을 하였다면 그 약정의 효력은 분묘 기지의 승계인에게 미친다.

① ⊙, ⓒ   ② ⓛ

③ ⓒ, ⓔ   ④ ⊙, ⓛ, ⓒ

⑤ ⊙, ⓛ, ⓔ

13-1 다음 「장사 등에 관한 법률」의 내용을 설명한 것 중 틀린 것은 모두 몇 개인가?

> ㉠ 가족자연장지를 조성하려는 자는 미리 관할 시장 등의 허가를 받아야 한다.
> ㉡ 화장을 하려는 자는 화장시설을 관할하는 시장 등의 허가를 받아야 한다.
> ㉢ 종중묘지는 「민법」에 따라 친족관계였던 자의 분묘를 같은 구역 안에 설치하는 묘지를 말한다.
> ㉣ 설치기간을 계산할 때 합장 분묘인 경우에는 최초로 설치한 날을 기준으로 계산한다.
> ㉤ 공설묘지 및 가족묘지, 종중묘지 또는 법인묘지 안의 분묘 1기 및 당해 분묘의 상석, 비석 등 시설물의 설치구역 면적은 15m²를 초과할 수 없다.

① 1   ② 2   ③ 3   ④ 4   ⑤ 5

13-2 다음 「장사 등에 관한 법률」의 내용을 설명한 것 중 옳은 것은?

① 가족묘지는 「도로법」 제2조의 도로, 「철도산업발전 기본법」 제3조 제2호 가목의 철도의 선로, 「하천법」 제2조 제2호의 하천구역 또는 그 예정지역으로부터 300미터 이상 떨어진 곳이어야 한다.

② 시신 또는 화장하지 아니한 유골은 위생적으로 처리하여야 하며, 매장 깊이는 지면으로부터 1미터 이상이어야 한다.

③ 종중 문중 자연장지는 1,000m²를 초과할 수 없다.

④ 「민법」에 따라 설립된 사단법인은 법인묘지의 설치 허가를 받을 수 있다.

⑤ 시·도지사 또는 시장·군수·구청장은 관할 구역 안의 묘지의 수급을 위하여 필요하다고 인정되면 조례로 정하는 바에 따라 30년 미만의 기간 안에서 분묘의 설치기간의 연장 기간을 단축할 수 있다.

14-1 다음 「농지법」에 대한 설명 중 옳은 것은?

① 농지임대차계약은 그 등기가 없는 경우에도 임차인이 농지 소재지를 관할하는 시·구·읍·면장의 확인을 받고, 해당 농지를 인도 받은 경우에는 그 다음 날로부터 제삼자에 대하여 효력이 생긴다.

② 농지전용협의를 완료한 농지를 취득하는 경우 농지취득자격증명을 발급 받아야 한다.

③ 주말 체험 영농을 하려는 자는 세대원 구성원별로 1천m² 미만의 농지를 소유할 수 있다.

④ 지목이 전·답, 과수원이 아니면서 농작물경작 다년생식물 재배지로 계속 이용되는 기간이 5년 미만인 토지는 농지가 아니다.

⑤ 1천m² 이상의 농지에서 농작물 또는 다년생식물을 경작 또는 재배하거나 1년 중 120일 이상 농업에 종사하는 자를 농업인이라 한다.

14-2 「농지법」에 대한 개업공인중개사의 설명으로 옳은 것은?

① 주말 체험 영농 목적으로 농지를 취득하고자 하는 경우에 주말체험영농계획서를 제출하지 않아도 농지취득자격증명을 발급 받을 수 있다.

② 토지거래허가를 받은 경우에는 농지전용허가를 받은 것으로 본다.

③ 농지위원회의 심의 대상의 경우에는 14일 이내에 농지취득자격증명을 발급하여야 한다.

④ 농지를 취득한 자가 그 농지를 주말 체험 영농에 이용하지 아니하게 되었다고 시장·군수·구청장이 인정한 때에는 6개월 이내에 농지를 처분하여야 한다.

⑤ 시장·군수 또는 구청장의 농지처분명령을 이행하지 않으면 매년 토지가액의 20/100에 해당하는 이행강제금을 부과한다.

15-1 甲은 乙과 乙 소유의 X부동산의 매매계약을 체결하고, 친구 丙과의 명의신탁약정에 따라 乙로부터 바로 丙 명의로 소유권이전등기를 하였다. 이와 관련하여 개업공인 중개사가 甲과 丙에게 설명한 내용으로 틀린 것을 모두 고른 것은? (다툼이 있으면 판례에 따름)

> ㉠ 甲과 丙간의 약정이 조세포탈, 강제집행의 면탈 또는 법령상 제한의 회피를 목적으로 하지 않은 경우 명의신탁약정은 무효이지만 그 등기는 유효하다.
>
> ㉡ 甲과 乙 사이의 매매계약은 유효하므로 甲은 乙을 상대로 소유권이전등기를 청구할 수 있다.
>
> ㉢ 丙이 소유권을 취득하고 甲은 丙에게 대금 상당의 부당이득반환청구권을 행사할 수 있다.
>
> ㉣ 丙이 X부동산을 제3자에게 처분한 경우 제3자는 명의신탁사실을 알고 있다고 해도 소유권을 취득한다. 다만, 丙은 甲과의 관계에서 횡령죄가 성립한다.

① ㉠, ㉢ ② ㉠, ㉣ ③ ㉡, ㉢
④ ㉠, ㉢, ㉣ ⑤ ㉡, ㉢, ㉣

15-2 甲과 친구 乙은 乙을 명의수탁자로 하는 계약명의신탁약정을 하였고, 이에 따라 乙은 2017. 10. 17. 丙소유 X토지를 매수하여 乙명의로 등기하였다. 이 사안에서 개업 공인중개사가 「부동산 실권리자명의 등기에 관한 법률」의 적용과 관련하여 설명한 내용으로 옳은 것은? (다툼이 있으면 판례에 따름)

① 甲과 乙의 위 약정은 무효이지만 丙이 명의신탁사실을 알지 못한 경우에는 명의신탁약정은 유효하다.

② 甲과 乙의 위 약정을 丙이 알지 못한 경우, 甲은 X토지의 소유권을 취득한다.

③ 甲과 乙의 위 약정을 丙이 안 경우에는 乙이 X토지의 소유권을 취득한다.

④ 甲과 乙의 위 약정을 丙이 알지 못한 경우 乙이 X토지를 제3자 丁에게 처분한 경우에 횡령죄가 성립하지 않는다.

⑤ 甲은 명의신탁사실이 적발된 경우에는 당해 부동산가액의 30%에 해당하는 과징금을 부과 받는다.

16-1 개업공인중개사가 아파트를 매수하려는 의뢰인에게 「집합건물의 소유 및 관리에 관한 법률」의 내용에 관하여 설명한 것으로 옳은 것은?

① 관리단집회에서 의결권은 규약에 특별한 규정이 없으면 12조에 규정된 지분비율에 따른다.

② 구분소유자는 그 전유부분을 개량하기 위하여 필요한 범위에서 다른 구분소유자의 전유부분의 사용을 청구할 수 없다.

③ 구분소유자가 10인 이상인 경우에는 구분소유자 중에서 관리단을 대표하고 관리단의 사무를 집행할 관리인을 선임하여야 한다.

④ 공용부분의 공유자가 공용부분에 관하여 다른 공유자에 대하여 가지는 채권은 그 특별승계인에 대하여 행사할 수 없다.

⑤ 공용부분의 보존행위는 구분소유자 과반수 및 의결권의 과반수로 결정한다.

16-2 개업공인중개사가 집합건물의 매매를 중개하면서 설명한 내용으로 옳은 것은? (다툼이 있으면 판례에 따름)

① 아파트의 특별승계인은 전 입주자의 체납관리비 중 전유부분에 관하여 승계한다.

② 공용부분의 각 공유자는 규약에 달리 정한 바가 없으면 그 지분의 비율에 따라 공용부분의 관리비용을 부담한다.

③ 전유부분만에 설정된 저당권은 특별한 사정이 없는 한 그 전유부분의 소유자가 사후에 취득한 대지사용권에는 미치지 않는다.

④ 규약으로써 달리 정한 경우에도 구분소유자는 그가 가지는 전유부분과 분리하여 대지사용권을 처분할 수 없다.

⑤ 공용부분의 각 공유자는 공용부분을 지분의 비율로 사용할 수 있다.

17-1 甲소유의 X주택을 乙에게 임대하는 계약을 중개하면서 양 당사자에게 설명한 것으로 옳은 것은?

① 乙이 X주택에 대한 임대차계약을 2년으로 계약한 경우에 임대차기간 만료 6개월에서 1개월 전까지 甲에게 계약의 갱신을 요구할 수 있다.

② 임차인 乙이 대항요건을 갖춘 경우에는 선순위 저당권에 의하여 경매가 실행된 경우에 보증금을 모두 변제 받을 때까지 임차권의 존속을 주장할 수 있다.

③ 乙이 보증금 중 일정액의 우선변제를 받기 위해서는 주택에 대한 경매신청의 등기 전에 대항요건과 확정일자를 갖추어야 한다.

④ 乙은 임대차계약을 체결하려는 자는 임대인의 동의 없이도 확정일자 부여기관에 확정일자 부여일 등의 정보제공을 요청할 수 있다.

⑤ 甲은 2년의 임대차기간이 만료하여 乙이 계약갱신요구를 한 경우에 보증금을 1/20을 초과하여 증액할 수 없다.

17-2 개업공인중개사가 보증금 1억 2천만원으로 주택임대차를 중개하면서 임차인에게 설명한 내용으로 옳은 것은? (다툼이 있으면 판례에 따름)

① 임대차계약 당사자가 기존 채권을 임대차보증금으로 전환하여 임대차계약을 체결하였다면 임차인이 같은 법 제3조 제1항 소정의 대항력을 갖지 못한다.

② 대항력을 갖춘 임차인은 저당권설정등기 이후 증액된 임차보증금에 관하여는 저당권에 기해 주택을 경락받은 소유자에게 대항할 수 있다

③ 확정일자는 먼저 받은 후 주택의 인도와 전입신고를 하면 그 신고일이 저당권설정등기일과 같아도 배당에서 임차인이 저당권자에 우선한다.

④ 보증금반환채권을 양수한 금융기관 등은 임차인을 대위하여 임차권등기명령 신청을 할 수 있다.

⑤ 임차인이 별도로 전세권설정등기를 마쳤다면 세대원 전원이 다른 곳으로 이사를 가더라도 이미 취득한 「주택임대차보호법」상의 대항력은 유지된다.

17-3 개업공인중개사가 「주택임대차보호법」상 계약갱신요구권에 대한 설명 중 틀린 것을 모두 고른 것은? (다툼이 있으면 판례에 따름)

> ㉠ 우선변제권을 승계한 금융기관 등은 임차인이 대항요건을 상실한 경우에도 우선변제권을 행사할 수 있다.
> ㉡ 임차인의 계약갱신요구가 있는 경우에 임대인의 직계비속, 직계존속, 형제자매가 목적 주택에 실제 거주하려는 경우에 임차인의 갱신요구를 정당하게 거절할 수 있다.
> ㉢ 임차인이 계약갱신 요구한 경우에 임대차기간은 2년으로 본다. 따라서 임차인을 도중에 임대차계약을 해지할 수 없다.

① ㉠   ② ㉡   ③ ㉠, ㉢
④ ㉡, ㉢   ⑤ ㉠, ㉡, ㉢

17-4 다음의 보기 가운데 「주택임대차보호법」에 대한 설명 중 옳은 것을 모두 고른 것은? (다툼이 있으면 판례에 따름)

> ㉠ 임대차계약을 체결할 때 임대인은 「국세징수법」 제108조에 따른 납세증명서 및 「지방세징수법」 제5조 제2항에 따른 납세증명서를 임차인에게 제시하여야 한다.
> ㉡ 임차인이 임차주택에 대하여 보증금반환청구소송의 확정판결에 따라 경매를 신청하는 경우 반대의무의 이행이나 이행의 제공은 집행개시의 요건이다.
> ㉢ 임차권등기명령의 집행에 따른 임차권등기가 끝난 주택을 그 이후에 임차한 임차인은 보증금 중 일정액을 다른 담보물권자보다 우선하여 변제받을 권리가 없다.
> ㉣ 채권담보 목적으로 임대차계약의 형식을 빌린 경우에는 「주택임대차보호법」상의 적용이 없다.

① ㉠, ㉡   ② ㉠, ㉢, ㉣
③ ㉠, ㉡, ㉢   ④ ㉠, ㉡, ㉢, ㉣
⑤ ㉡, ㉢

www.pmg.co.kr

18-1 개업공인중개사가 임대인 甲과 임차인 乙 사이에 서울의 보증금 5천원, 월차임 1백만원으로 하여 「상가건물 임대차보호법」이 적용되는 상가건물의 임대차를 중개하면서 설명한 내용으로 옳은 것은?

① 乙은 임대차기간이 만료되기 1개월 전까지 甲에게 전체 임대차기간이 10년을 초과하지 아니하는 범위에서만 계약갱신요구를 할 수 있다.

② 乙이 甲의 동의 없이 건물의 일부를 전대한 경우 甲은 乙의 계약갱신요구를 거절할 수 있다.

③ 乙의 차임연체액이 2백만원에 이르는 경우 임대인은 계약을 해지할 수 있다.

④ 상가건물에 대한 경매개시 결정등기 전에 乙이 건물의 인도와 「부가가치세법」에 따른 사업자등록을 신청한 때에는, 보증금 5천만원을 선순위 저당권자보다 우선변제 받을 수 있다.

⑤ 甲과 乙이 임대차기간을 6개월로 정한 경우에는 甲은 그 기간의 유효함을 주장할 수 있다.

18-2 상가건물임대차에 대한 다음 설명 중 옳은 것은?

① 부산에서 보증금 1억원에 월세 600만원인 상가임차인은 확정일자를 받은 경우에 경매 배당에서 우선변제 받을 수 있다.

② 단순히 상품의 보관·제조·가공 등 사실행위만이 이루어지는 공장·창고 등은 「상가건물 임대차보호법」 적용대상인 상가건물에 해당하지 않는다.

③ 임대인의 동의를 받고 전대차계약을 체결한 전차인은 임차인의 계약갱신요구권 행사기간 이내에 직접 임대인에게 계약의 갱신을 요구할 수 있다.

④ 상가건물임대차에 이해관계가 있는 자는 관할 시장·군수 또는 구청장에게 해당 상가건물의 확정일자 부여일 등 정보의 제공을 요청할 수 있다.

⑤ 임차 목적건물의 일부를 증축하는 경우에도 임대인은 임차인의 계약갱신요구를 거절할 수 있다.

19-1 개업공인중개사 甲이 상가임차인 乙이 자신이 운영했던 서울특별시 내의 점포를 신규임차인 丙에게 권리금 1억원에 양도하는 권리금계약 체결을 알선했다. 이후에 임대인 丁과 임대차계약 체결을 앞두고 있다. 관련 내용 설명 중 옳은 것은?

① 丁은 임대차기간이 끝나기 6개월 전부터 1개월 전까지 乙이 주선한 丙과의 임대차계약을 정당한 사유 없이 거절할 수 없다.

② 만약 丁이 乙이 알선한 丙에게 乙에게 권리금을 지급하지 못하게 하는 행위를 한 경우에는 丁은 乙에게 손해배상책임을 진다.

③ ②의 경우에 丁은 乙에게 乙이 받기로 한 권리금 1억원을 손해배상 해주어야 한다.

④ 丁과 乙의 기존임대차계약 조건이 보증금 2억원에 월세 800만원인 경우에 乙이 丁에게 丙을 주선한 경우에 정당한 사유가 없어도 丁은 丙과의 임대차계약을 거절할 수 있다.

⑤ 임대인 丁은 임대차 목적물인 상가건물을 1년 이상 영리목적으로 사용하지 아니한 경우에는 乙이 주선한 丙과의 임대차계약체결을 거절할 수 있다.

19-2 권리금계약과 손해배상책임에 대한 설명 중 옳은 것은?

① 권리금 계약이란 신규임차인이 되려는 자가 임대인에게 권리금을 지급하기로 하는 계약을 말한다.

② 법무부장관은 국토교통부장관과 협의를 거쳐 임차인과 신규임차인이 되려는 자가 권리금 계약을 체결하기 위한 표준권리금계약서를 정하여 그 사용을 권장할 수 있다.

③ 임대인의 손해배상액은 신규임차인이 임차인에게 지급하기로 한 권리금과 임대차 종료 당시의 권리금 중 높은 금액을 넘지 못한다.

④ 상가건물을 임차하고 사업자등록을 한 임차인이 폐업신고를 하였다가 다시 같은 상호 및 등록번호로 사업자등록을 했다면 기존의 대항력은 존속된다.

⑤ 국유재산, 공유재산, 대규모점포, 준대규모점포는 권리금보장규정의 적용이 없다.

20-1 다음은 「민사집행법」에 근거한 법원경매절차 등에 관한 설명이다. 옳은 것은?

① 경매신청에 따른 압류의 효력은 채무자에게 경매개시결정이 송달된 때 또는 그 결정이 등기된 때 발생한다.

② 배당요구에 따라 매수인이 부담하여야 할 부담이 바뀌는 경우에는 배당요구를 한 채권자는 배당요구의 종기가 지난 뒤에도 철회할 수 있다.

③ 배당요구의 종기는 첫 매각기일 이후로 법원이 정하여 공고한다.

④ 매각기일 및 매각결정기일의 공고는 매각기일의 1주일 전에 공고하여야 한다.

⑤ 매수신고가 있은 후에는 경매신청을 취하해도 압류의 효력이 소멸되지 않는다.

20-2 다음 법원경매에 대한 설명 중 틀린 것으로 모두 묶인 것은?

> ㉠ 법원의 매각허가결정에 이의가 있는 이해관계인은 2주일 이내에 항고하여야 한다.
> ㉡ 허가할 매수가격의 신고가 없이 매각기일이 최종적으로 마감된 때에는 법원은 최저매각가격을 상당히 낮추고 재매각기일을 정하여야 한다.
> ㉢ 매각허가결정에 대한 채무자 또는 소유자의 항고가 기각된 경우에는 채무자 또는 소유자는 보증의 반환을 청구할 수 없다.
> ㉣ 매각허가결정을 받은 매수인은 대금지급기일에 대금을 납부하여야 한다.

① ㉠, ㉡, ㉣   ② ㉡, ㉢, ㉣   ③ ㉢, ㉣
④ ㉠, ㉡, ㉢   ⑤ ㉠, ㉡

20-3 최저매각가격을 1억원으로 정하였다. 기일입찰로 진행되는 이 경매에서 매수신청을 하고자 하는 중개의뢰인 甲에게 개업공인중개사가 설명한 내용으로 옳은 것은?

① 甲이 1억 2천만원에 매수신청을 하려는 경우, 법원에서 달리 정함이 없으면 1천 2백만원을 보증금액으로 제공하여야 한다.

② 1억 5천만원의 최고가매수신고인이 있는 경우, 법원에서 보증금액을 달리 정하지 않았다면 甲이 차순위매수신고를 하기 위해서는 신고액이 1억 4천만원을 넘어야 한다.

③ 甲이 차순위매수신고인인 경우 매각기일이 종결되면 즉시 매수신청의 보증을 돌려줄 것을 신청할 수 있다.

④ 甲이 1억 5천만원에 최고가매수인이 되고 매각허가결정을 받은 경우에 임차인이 항고하기 위해서는 1천만원을 현금이나 법원이 인정하는 유가증권으로 공탁하여야 한다.

⑤ 甲이 최고가 매수신고인이라면 1억 5천만원을 법원에 납부하면 대금지급기한이 만료된 때 소유권을 취득한다.

21-1 다음 경매의 권리분석에 대한 설명 중 옳은 것은?

① 지상권, 지역권, 전세권 및 등기된 임차권은 저당권, 압류채권, 가압류채권에 대항할 수 없는 경우에는 매각으로 소멸되지 않는다.

② 전세권은 저당권, 압류채권, 가압류채권에 대항할 수 있는 경우에는 배당요구한 경우에도 매각으로 인하여 소멸되지 않는다.

③ 등기부에 최선순위 권리인 저당권 앞에 압류등기가 되어 있는 경우에는 압류등기는 매수인이 인수하여야 한다.

④ 선순위담보물권이 있는 경우라도 경매개시결정등기보다 앞선 제3자의 권리는 인수하여야 한다.

⑤ 압류의 효력이 발생한 이후의 경매 목적물의 점유를 취득한 유치권자는 매수인에게 대항할 수 없다.

22-1 다음 매수신청대리인 등록하려는 甲에 관련된 설명 중 옳은 것은?

① 甲은 지방자치단체조례가 정하는 수수료를 납부하여야 한다.

② 甲이 법인인 경우에는 임원 사원 전원이 부동산경매에 관한 실무교육을 이수하면 된다.

③ 甲이 법인인 경우에는 업무개시 전까지 4억원 이상 보증설정하여야 한다.

④ 甲은 등록신청일 전 1년 이내에 대법원장이 지정하는 교육기관에서 부동산경매에 관한 실무교육을 이수하여야 한다.

⑤ 甲이 민사집행절차에서의 매각에 관하여 「형법」 제136조(공무집행방해) 위반으로 유죄판결을 받고 그 판결확정일로부터 2년을 경과하지 아니한 자는 매수신청대리인으로 등록될 수 없다.

22-2 甲은 매수신청대리인으로 등록한 개업공인중개사 乙에게 「민사집행법」에 의한 경매대상 부동산에 대한 매수신청대리의 위임을 하였다. 이에 관한 설명으로 옳은 것은?

① 乙은 「민사집행법」에 따른 인도명령신청을 할 수 있다.

② 乙은 매수신청대리 사건카드에 중개행위에 사용하기 위해 등록한 인장을 서명날인하여야 한다.

③ 乙은 매각장소 및 집행법원에 소속공인중개사로 하여금 대리출석하게 할 수 있다.

④ 乙은 「민사집행법」에 따른 공유자의 우선매수신고를 할 수 없다.

⑤ 乙은 위임계약을 체결한 경우 확인·설명 사항을 서면으로 작성하여 서명·날인한 후 위임인에게 교부하고, 그 사본을 사건카드에 철하여 3년간 보존하여야 한다.

23-1 「공인중개사의 매수신청대리인 등록 등에 관한 규칙」에 따라 매수신청대리인으로 등록한 甲에 관한 설명으로 옳은 것은?

① 甲은 보수에 대하여 이를 위임인에게 위임계약 전에 설명하여야 한다. 그리고 이를 확인·설명서에 반드시 기록하여야 한다.

② 甲은 매수신청대리에 관하여 위임인으로부터 특별시 광역시·도 조례에서 정한 보수표의 범위 안에서 소정의 보수를 받는다.

③ 甲의 상담 및 권리분석 보수는 원칙적으로 50만원 범위 안에서 당사자의 합의에 의하여 결정한다.

④ 甲 개업공인중개사는 보수를 받은 경우 예규에서 정한 양식에 의한 영수증을 작성하여 서명·날인한 후 위임인에게 교부하고 사건카드에 철하여 5년간 보존하여야 한다.

⑤ 甲에 대한 보수의 지급시기는 매수신청인과 매수신청대리인의 약정에 따르며, 약정이 없을 때에는 매각결정기일로 한다

23-2 다음 매수신청대리인의 보수에 대한 설명 중 옳은 것은?

① 매수신청대리와 관련된 실비는 50만원 범위 안에서 받을 수 있다.

② 5개 부동산을 일괄매각하는 경우에 권리분석 보수는 최고 60만원이다.

③ 매수신청대리행위를 하여 최고가매수신고인 또는 매수인이 된 경우에는 최저 매각가격의 1% 또는 감정가의 1.5% 이하의 범위 안에서 당사자의 합의에 의하여 결정한다.

④ 매수신청대리인은 위임인이 최고가 매수신고인 또는 매수인이 되지 못한 경우에는 매수신청대리 보수를 받을 수 없다.

⑤ 매수신청대리와 관련한 특별한 비용은 보수에 포함된 것으로 보고 별도로 청구할 수 없다.

23-3 다음 매수신청대리인에 대한 설명 중 옳은 것은?

① 매수신청대리인의 업무정지기간은 2년 이하로 한다.

② 매수신청대리업무에 대한 업무정지를 받은 경우 매수신청대리업무에 관한 표시 등을 제거하여야 한다.

③ 중개업에 대한 업무정지를 받은 경우 관할 지방법원장은 매수신청대리인의 매수신청대리인 등록을 취소해야 한다.

④ 폐업신고를 하여 매수신청대리인 등록이 취소된 후 3년이 지나지 않은 매수신청대리인은 매수신청대리인 등록을 할 수 없다.

⑤ 지방법원장은 매수신청대리업무에 관하여 협회의 시·도지부와 매수신청대리인을 감독한다.

24-1 다음 「공인중개사법」의 제정목적에 해당하는 것은?

> ㉠ 공인중개사의 업무 등에 관한 사항을 정함
> ㉡ 부동산업의 건전한 육성
> ㉢ 투명한 부동산거래질서의 확립
> ㉣ 공인중개사의 전문성 제고
> ㉤ 국가경제에 이바지

① ㉠, ㉣   ② ㉠, ㉤   ③ ㉡, ㉢

④ ㉡, ㉣   ⑤ ㉢, ㉤

24-2 다음 「부동산 거래신고 등에 관한 법률」의 제정목적에 해당하지 않는 것은?

① 부동산거래 등의 신고 및 허가 등에 관한 사항을 정함
② 건전한 부동산거래질서 확립
③ 부동산중개업의 건전한 육성
④ 국민경제에 이바지함
⑤ 투명한 부동산거래질서 확립

25-1 공인중개사법령상 용어와 관련된 설명으로 틀린 것을 모두 고른 것은?

> ㉠ "개업공인중개사"라 함은 공인중개사로서 「공인중개사법」에 의하여 중개사무소의 개설등록을 한 자를 말한다.
> ㉡ "중개보조원"이라 함은 개업공인중개사에 소속되어 중개대상물에 대한 현장안내 및 일반서무 등 개업공인중개사의 중개업무와 관련된 단순한 업무를 보조하는 자를 말한다.
> ㉢ 공인중개사로서 개업공인중개사에 고용되어 그의 중개업무를 보조하는 자도 소속공인중개사이다.
> ㉣ "중개업"이란 제3조에 규정된 중개대상물에 대하여 거래당사자 간의 매매·교환·임대차 그 밖에 권리의 득실변경 행위를 알선하는 것을 말한다.

① ㉠, ㉡   ② ㉠, ㉢   ③ ㉠, ㉡, ㉣
④ ㉡, ㉢   ⑤ ㉠, ㉡, ㉢, ㉣

25-2 공인중개사법령상 용어와 관련된 설명으로 옳은 것을 모두 고른 것은?

> ㉠ "공인중개사"라 함은 이 법에 의하여 중개사무소의 개설등록한 자를 말한다.
> ㉡ 소속공인중개사에는 개업공인중개사인 법인의 사원 또는 임원으로서 업무를 수행하는 공인중개사인 자가 포함된다.
> ㉢ 공인중개사 자격취득 후 중개사무소 개설등록을 하지 않은 자는 개업공인중개사가 아니다.
> ㉣ 거래당사자 간 지역권 설정하는 행위는 중개에 해당한다.

① ㉠, ㉡   ② ㉠, ㉢   ③ ㉠, ㉣
④ ㉡, ㉢   ⑤ ㉢, ㉣

25-3 다음 중개업에 대한 설명 중 옳은 것은?

① 금전소비대차에 부수하여 다른 사람의 의뢰에 의하여 일정한 보수를 받고 저당권설정에 관한 행위의 알선을 업으로 하는 것은 중개업에 해당하지 않는다.

② 중개대상물의 거래당사자로부터 보수를 현실적으로 받지 아니하고 단지 보수를 받을 것을 약속하거나 거래당사자들에게 보수를 요구한 데 그친 경우에도 중개업에 해당한다.

③ 우연한 기회에 단 1회 건물전세계약의 중개를 한 경우에도 보수를 받은 경우에는 중개업에는 해당한다.

④ 중개사무소의 개설등록을 하지 아니한 자가 다른 사람의 의뢰를 받아 일정한 보수를 받고 중개를 업으로 한 경우에는 "중개업"에 해당하지 않는다.

⑤ 부동산중개행위가 부동산컨설팅에 부수하여 이루어졌다고 하여 이를 부동산중개업에 해당하지 않는다고 볼 것은 아니다.

26-1 공인중개사법령상 중개대상물이 될 수 있는 것은 모두 몇 개인가?

> • 영업용 건물의 비품
> • 광업권
> • 아파트 추첨기일에 신청하여 당첨되면 아파트의 분양예정자로 선정될 수 있는 지위인 입주권
> • 토지에 부착된 수목의 집단으로서 소유권보존등기를 한 것
> • 근저당권이 설정되어 있는 다세대주택
> • 사유하천

① 1개
② 2개
③ 3개
④ 4개
⑤ 5개

26-2 공인중개사법령상 중개대상물에 포함되지 않는 것을 모두 고른 것은?

> ㉠ 분양계약이 체결되어 동·호수가 특정된 장차 건축될 아파트
> ㉡ 콘크리트 지반 위에 볼트조립방식으로 철제파이프 기둥을 세우고 3면에 천막을 설치하여 주벽이라고 할 만한 것이 없는 세차장 구조물
> ㉢ 거래처, 신용 또는 점포 위치에 따른 영업상의 이점 등 무형물
> ㉣ 주택이 철거될 경우 일정한 요건하에 이주자 택지를 공급받을 대토권

① ㉠
② ㉠, ㉡
③ ㉡, ㉢
④ ㉠, ㉡, ㉣
⑤ ㉡, ㉢, ㉣

27-1 공인중개사 시험제도 및 공인중개사 자격제도에 관한 다음 설명 중 옳은 것은?

① 공인중개사가 되려는 자는 국토교통부장관이 시행하는 공인중개사 시험에 합격하여야 한다.

② 피한정후견인 또는 피성년후견인은 공인중개사가 될 수 없다.

③ 시험시행기관장은 시험을 시행하기 어려운 부득이한 사정이 있는 경우에는 공인중개사정책심의위원회의 의결을 거쳐 당해 연도의 시험을 시행하지 않을 수 있다.

④ 공인중개사 시험을 시행하는 시·도지사 또는 국토교통부장관은 시험에서 부정한 행위를 한 응시자에 대하여는 그 시험을 무효로 하고, 그 처분이 있는 날부터 3년간 시험응시자격을 정지한다.

⑤ 국토교통부장관은 공인중개사자격시험 합격자의 결정 공고일부터 1개월 이내에 시험합격자에 관한 사항을 공인중개사자격증 교부대장에 기재한 후 자격증을 교부해야 한다.

27-2 공인중개사정책심의위원회에 관한 설명 중 옳은 것은?

① 공인중개사의 업무에 관한 사항을 심의하기 위하여 국토교통부에 공인중개사정책심의위원회를 둔다.

② 위원장 1인을 포함하여 19명 이내의 위원으로 구성한다.

③ 위원장은 위원 중에서 호선한다.

④ 위원은 법이 정한 사람 중에서 국토교통부장관이 임명하거나 위촉한다.

⑤ 심의위원회에서 중개보수 변경에 관한 사항을 심의한 경우 시·도지사는 이에 따라야 한다.

27-3 공인중개사법령상 공인중개사자격증 양도·대여에 관한 설명으로 틀린 것은?

> ㉠ 공인중개사가 실질적으로 무자격자로 하여금 자기 명의로 공인중개사 업무를 수행하도록 하였더라도 스스로 몇 건의 중개업무를 직접 수행한 경우는 자격증 대여행위에 해당되지 않는다.
>
> ㉡ 공인중개사로 하여금 그의 공인중개사자격증을 다른 사람에게 대여하도록 알선하는 행위를 하면 1년 이하의 징역이나 1천만원 이하의 벌금형에 처한다.
>
> ㉢ 무자격자가 공인중개사 업무를 수행하였는지 여부는 외관상 공인중개사가 직접 업무를 수행하는 형식을 취하였는지 여부에 따라 판단한다.
>
> ㉣ 중개사무소 개설등록을 마친 공인중개사가 무자격자로 하여금 중개사무소의 경영에 관여하여 이익을 분배 받도록 하는 것은 자격증 대여에 해당한다.

① ㉠, ㉡, ㉢　　　　　② ㉠, ㉣　　　　　③ ㉠, ㉢, ㉣

④ ㉡, ㉢　　　　　⑤ ㉢, ㉣

28-1 법인인 개업공인중개사로 중개사무소 개설등록신청 할 때 갖춰야 할 요건에 대한 서술이다. 옳은 것은?

① 법인이 중개업 및 겸업제한에 위배되지 않는 업무만을 영위할 목적으로 설립되었을 것

② 「상법」상 주식회사 또는 협동조합으로서 자본금이 5천만원 이상이어야 한다.

③ 법인은 4억원 이상 보증설정하여야 할 것

④ 대표자는 공인중개사이어야 하며, 대표자를 포함한 임원 또는 사원의 3분의 1 이상은 공인중개사일 것

⑤ 법인의 임원, 사원(사원은 합명회사나 합자회사의 경우의 유한책임사원을 말한다) 전원이 실무교육을 받을 것

28-2 공인중개사법령상 법인이 중개사무소를 개설등록 하려는 경우, 이에 관한 설명으로 옳은 것은?

> ㉠ 중개사무소는 반드시 개업공인중개사 본인명의로 소유 또는 임차하여야 한다.
> ㉡ 「협동조합 기본법」에 따른 사회적 협동조합인 경우 자본금이 5천만원 이상이라면 중개사무소의 개설등록이 가능하다.
> ㉢ 대표자를 제외한 임원 또는 사원이 6명이라면 그 중 2명이 공인중개사이면 된다.
> ㉣ 「건축법」상 가설건축물대장에 기재된 건축물을 사무소로 확보하면 중개사무소의 개설등록을 할 수 있다.

① ㉠, ㉡   ② ㉠, ㉣   ③ ㉢
④ ㉡, ㉣   ⑤ ㉢, ㉣

29-1 다음 중개사무소의 개설등록에 대한 설명 중 옳은 것은?

① 중개사무소의 개설등록을 하고자 등록신청하는 자는 국토교통부령이 정하는 수수료를 납부하여야 한다.
② 공인중개사(소속공인중개사 포함) 또는 법인이 아닌 자는 등록을 신청할 수 없다.
③ 등록관청은 중개사무소의 개설등록을 한 자가 보증설정하였는지 여부를 확인한 후 중개사무소등록증을 7일 이내에 교부하여야 한다.
④ 휴업 중인 개업공인중개사는 그 기간 중에는 당해 중개업을 폐업하고 다시 신규등록할 수 있다.
⑤ 등록관청은 등록증을 교부한 때에는 등록대장에 그 등록사항을 기록한 후 10일 이내에 공인중개사협회에 통보하여야 한다.

29-2 다음 중개사무소의 개설등록에 대한 설명 중 옳은 것은?

① 중개사무소의 개설등록을 신청하는 자는 공인중개사자격증 사본을 구비서류로 등록관청에 제출하여야 한다.

② 실무교육을 위탁받은 기관이 실무교육 수료 여부를 등록관청이 전자적으로 확인할 수 있도록 조치한 경우에도 실무교육의 수료확인증 사본을 제출하여야 한다.

③ 보증설정증명서류는 중개사무소의 개설등록 신청할 때 등록관청에 제출하여야 할 구비서류에 해당한다.

④ 사용승인을 받았으나 건축물대장에 기재되지 아니한 건물에 중개사무소를 확보하였을 경우에는 건축물대장 기재가 지연되는 사유를 적은 서류를 제출하여야 한다.

⑤ 등록신청자는 반드시 결격사유에 해당하지 않음을 증명하는 서류를 등록관청에 제출하여야 한다.

29-3 공인중개사법령상 등록관청이 공인중개사협회에 통보해야 하는 경우로 틀린 것은?

① 중개보조원 고용신고를 받은 때

② 분사무소 설치신고를 받은 때

③ 휴업기간 변경신고를 받은 때

④ 보증설정신고를 받은 때

⑤ 업무정지처분을 한 때

30-1 다음 결격사유에 대한 설명 중 옳은 것은?

① 고용인이 결격사유에 해당한 때에 2개월 이내에 해고하지 않으면 등록관청은 그를 고용한 개업공인중개사에 대하여 등록취소처분을 하여야 한다.

② 「공인중개사법」 위반으로 300만원 벌금형을 선고 받고 이를 원인으로 등록취소처분을 받은 개업공인중개사는 등록취소된 후 3년이 경과하여야 개업공인중개사 등이 될 수 있다.

③ 개업공인중개사가 등록기준에 미달되어 등록취소된 경우에는 3년이 경과하지 전에도 중개사무소의 개설등록을 할 수 있다.

④ 「도로교통법」을 위반하여 징역형을 선고 받고 복역 중 가석방 된 후 취소 또는 실효됨이 없이 3년이 경과된 자는 소속공인중개사가 될 수 있다.

⑤ 업무정지처분을 받은 개업공인중개사인 법인의 업무정지처분 당시의 사원 또는 임원이었던 자로서 당해 개업공인중개사에 대한 업무정지기간이 경과되지 아니한 자는 결격사유에 해당한다.

30-2 공인중개사법령상 甲이 중개사무소의 개설등록을 할 수 없는 경우에 해당하는 것은?

① 甲이 공인중개사 자격시험에서 부정행위자로 적발되어 5년이 경과되지 않은 경우

② 甲이 파산선고를 받고 채무를 변제하여 복권되어 3년이 경과하지 않은 경우

③ 甲이 「공인중개사법」을 위반하여 300만원의 벌금형을 선고 받고 3년이 경과한 경우

④ 甲이 대표자로 있는 개업공인중개사인 법인이 해산하여 그 등록이 취소된 후 3년이 경과되지 않은 경우

⑤ 甲이 「형법」을 위반하여 징역 1년에 집행유예 2년을 선고 받고 3년이 경과한 자

30-3 다음 중 결격사유에 해당하지 않는 자를 모두 고른 것은?

> ㉠ 피특정후견인
> ㉡ 개인회생을 신청한 후 법원의 인가 여부가 결정되지 않은 공인중개사
> ㉢ 형의 선고유예기간 중에 있는 자
> ㉣ 1년간 폐업한 개업공인중개사가 폐업 전에 위반행위 때문에 등록취소처분을 받고 2년이 경과한 자

① ㉠   ② ㉠, ㉡, ㉣   ③ ㉡, ㉢
④ ㉡, ㉣   ⑤ ㉠, ㉡, ㉢, ㉣

31-1 다음 개업공인중개사의 중개사무소 및 분사무소에 대한 설명 중 옳은 것은?

① 공인중개사인 개업공인중개사는 대통령령이 정하는 기준과 절차에 따라 등록관청에 신고하고 그 관할 구역 외의 지역에 분사무소를 둘 수 있다.

② 업무정지 중인 개업공인중개사의 중개사무소의 일부를 확보하여 승낙서를 받는 방법으로 중개사무소의 개설등록이 불가능하다.

③ 「공인중개사법」을 위반하여 둘 이상의 중개사무소를 둔 경우 등록관청은 중개사무소의 개설등록을 취소하여야 한다.

④ 중개사무소를 공동으로 사용하고 있는 개업공인중개사 중 1인이 업무정지를 받은 경우에 다른 개업공인중개사도 그 기간 동안 중개사무소에서 중개업을 할 수 없다.

⑤ 분사무소는 주된 사무소의 소재지가 속한 시·군·구를 포함한 시·군·구별로 설치하되, 시·군·구별로 1개소를 초과할 수 없다.

31-2 공인중개사법령상 분사무소의 설치에 관한 설명으로 틀린 것을 모두 고른 것은?

> ㉠ 법인인 개업공인중개사가 분사무소를 설치하려는 경우 분사무소 소재지의 시장·군수 또는 구청장에게 신고해야 한다.
> ㉡ 다른 법률의 규정에 따라 중개업을 할 수 있는 법인의 분사무소에는 공인 중개사를 책임자로 두어야 한다.
> ㉢ 분사무소 설치를 신고하는 자는 국토교통부장관이 결정·공고하는 수수료를 납부하여야 한다.
> ㉣ 분사무소의 설치신고를 하려는 자는 책임자를 포함한 소속공인중개사의 실무교육 수료증 사본을 제출하여야 한다.

① ㉠, ㉣   ② ㉡, ㉢, ㉣   ③ ㉡, ㉢
④ ㉠, ㉢, ㉣   ⑤ ㉠, ㉡, ㉢, ㉣

32-1 동작구에 있는 중개사무소 둔 개업공인중개사 甲이 중개사무소를 서초구로 이전한 경우에 대한 설명 중 옳은 것은?

① 중개사무소 이전신고를 한 甲은 동작구에 있는 중개사무소의 간판은 이전 한 후 10일 이내에 철거하여야 한다.

② 서초구청장의 요청으로 동작구청장이 송부해야 하는 서류에는 중개사무소 개설등록증도 포함된다.

③ 동작구에 있을 때 甲의 업무정지 위반행위에 대해서는 동작구청장이 업무정지를 명할 수 있다.

④ 서초구청장은 중개사무소등록증에 변경사항을 기재하여 이를 교부할 수 있다.

⑤ 이전신고를 받은 서초구청장은 다음 달 10일까지 공인중개사협회에 통보하여야 한다.

32-2 종로구에 주된 사무소를 둔 **甲**법인인 개업공인중개사는 동작구에 있는 분사무소를 양천구로 이전한 경우 이에 대한 설명 중 옳은 것은?

① 甲은 양천구청장에게 10일 이내에 이전신고를 하여야 한다.

② 甲은 이전신고 할 때 등록증과 건축물대장에 기재된 건물에 분사무소를 확보하였음을 증명하는 서류를 제출하여야 한다.

③ 만약 甲법인이 분사무소 이전신고를 하지 않으면 종로구청장은 甲법인에 대해서 100만원 이하의 과태료에 처한다.

④ 양천구의 분사무소 옥외광고물에 甲법인의 대표자의 성명을 표기하여야 한다.

⑤ 종로구청장은 양천구청장에게만 분사무소 이전신고 사실을 통보하면 된다.

33-1 다음 개업공인중개사의 사무소 명칭 사용 등에 대한 설명 중 옳은 것은?

① 개업공인중개사는 모든 옥외광고물에 등록증에 표기된 개업공인중개사의 성명을 표기하여야 한다.

② 분사무소의 옥외광고물에는 법인 대표자의 성명을 표기하여야 한다.

③ 개업공인중개사 아닌 자가 "공인중개사사무소"라는 명칭을 사용한 간판을 설치한 경우, 등록관청은 그 철거를 명할 수 있다.

④ 중개사무소를 이전하고 종전 사무소의 간판을 철거하지 아니한 경우에는 100만원 이하의 과태료 사유에 해당한다.

⑤ 등록관청은 사무소 간판 등에 대한 철거명령을 받은 자가 철거를 이행하지 아니한 경우에는 「행정절차법」에 의하여 대집행을 할 수 있다.

33-2 공인중개사법령상 중개사무소의 명칭 및 등록증 등의 게시에 관한 설명으로 옳은 것은?

① 법인인 개업공인중개사는 그 사무소의 명칭에 "공인중개사사무소" 또는 "부동산중개"라는 문자를 사용하여야 한다.

② 개업공인중개사가 업무정지처분을 받은 경우에는 지체 없이 사무소의 간판을 철거하여야 한다.

③ 공인중개사 아닌 자가 "발품부동산 및 부동산 cafe"라는 간판을 설치한 경우에는 100만원 이하의 과태료 사유에 해당한다.

④ 공인중개사인 개업공인중개사는 실무교육 수료증 원본을 해당 중개사무소 안의 보기 쉬운 곳에 게시하여야 한다.

⑤ 법 제7638호 부칙 제6조 제2항에 따른 개업공인중개사는 그 사무소의 명칭에 '부동산중개'라는 문자를 사용하여서는 안 된다.

34-1 다음 개업공인중개사 甲이 소속공인중개사 乙 및 중개보조원 丙과 중개사무소를 운영하면서 중개대상물에 대한 표시·광고 하는 것에 관한 설명 중 옳은 것은?

① 甲은 중개대상물에 대한 표시·광고를 할 때 甲과 乙의 성명을 표시하여야 한다.

② 甲이 중개대상물의 입지조건, 가격 등 중요 사실을 빠뜨리고 광고한 경우에 100만원 이하의 과태료 사유에 해당한다.

③ 甲은 인터넷을 이용한 건축물에 대한 표시·광고할 때에는 인터넷 표시·광고를 할 때에는 해당 건축물의 방향, 입주가능일, 주차대수 및 관리비를 명시하여야 한다.

④ 甲은 인터넷을 이용한 표시·광고를 할 때 丙에 관한 사항을 명시하여야 한다.

⑤ 甲이 의뢰받은 중개대상물에 대하여 표시·광고를 하려면 중개사무소의 명칭을 명시하여야 하지만 중개사무소의 등록번호는 명시하지 않아도 된다.

34-2 다음 개업공인중개사의 중개대상물에 대한 표시·광고 및 모니터링에 대한 설명 중 옳은 것은?

① 기본 모니터링 업무는 모니터링 기본계획서에 따라 매년 실시하는 모니터링 업무를 의미한다.

② 모니터링 기관은 기본 모니터링 업무를 수행한 경우 해당 업무에 따른 결과보고 서를 매 분기의 마지막 날부터 15일 이내 국토교통부장관에게 제출해야 한다.

③ 등록관청은 인터넷을 이용한 중개대상물에 대한 표시·광고의 규정준수 여부 에 관하여 기본 모니터링과 수시 모니터링을 할 수 있다.

④ 국토교통부장관은 모니터링을 위하여 필요한 때에는 정보통신서비스 제공자 에게 관련 자료의 제출을 요구할 수 있다.

⑤ 시·도지사 및 등록관청 등은 필요한 조사 및 조치를 요구 받으면 신속하게 조사 및 조치를 완료하고, 완료한 날부터 30일 이내에 그 결과를 국토교통부장 관에게 통보해야 한다.

35-1 다음 중 법인인 개업공인중개사의 업무에 해당하지 않은 것은 모두 몇 개인가?

> ㉠ 개업공인중개사를 대상으로 한 부동산정보제공
> ㉡ 국세징수법상 공매대상 동산에 대한 입찰신청의 대리
> ㉢ 상업용지에 대한 분양대행
> ㉣ 주택의 임대업
> ㉤ 공인중개사를 대상으로 한 경영정보의 제공
> ㉥ 주거 이전에 부수되는 용역의 제공

① 2개   ② 3개   ③ 4개
④ 5개   ⑤ 6개

35-2 다음 개업공인중개사의 업무범위에 대한 설명 중 옳은 것은?

① 개업공인중개사는 공매대상 부동산에 대한 매수신청 또는 입찰신청의 대리를 하고자 하는 경우에는 「대법원규칙」이 정하는 요건을 갖추어 법원에 등록하여야 한다.

② 공인중개사인 개업공인중개사는 다른 법령에서 허용하고 있지 않는 한 중개업 이외에 다른 업무를 겸업할 수 없다.

③ 모든 개업공인중개사는 주거용 건축물에 대한 임대관리 등 관리대행업을 할 수 있다.

④ 법인이 아닌 모든 개업공인중개사도 「공인중개사법」 제14조에 규정된 모든 업무를 수행할 수 있다.

⑤ 법인인 개업공인중개사는 부동산 이용 개발 및 거래에 관한 상담을 할 수 있으나 그 대상은 개업공인중개사로 제한된다.

36-1 개업공인중개사의 고용인에 대한 설명 중 옳은 것은?

① 소속공인중개사는 현장안내 등 중개업무를 보조하는 경우 중개의뢰인에게 본인이 소속공인중개사라는 사실을 미리 알려야 한다.

② 개업공인중개사가 고용인을 고용하거나 해고한 때에는 10일 이내에 등록관청에 신고하여야 한다.

③ 외국인을 소속공인중개사로 고용신고하는 경우에는 그의 공인중개사 자격을 증명하는 서류를 첨부하지 않는다.

④ 개업공인중개사가 고용할 수 있는 중개보조원의 수는 개업공인중개사와 소속공인중개사를 합한 수의 3배를 초과하여서는 아니 된다.

⑤ 소속공인중개사에 대한 고용신고는 전자문서에 의하여 할 수 없다.

36-2 개업공인중개사 甲의 소속공인중개사 乙이 중개업무를 하면서 중개대상물의 거래 상 중요사항에 관하여 거짓된 언행으로 중개의뢰인 丙의 판단을 그르치게 하여 재산상 손해를 입혔다. 공인중개사법령에 관한 설명으로 옳은 것은?

① 乙의 행위에 대하여 甲이 지휘, 감독에 상당한 주의를 하였다면 乙이 고의로 거래당사자에게 재산상의 손해를 발생시킨 경우에는 甲은 손해를 배상할 책임이 없다.

② 甲은 1년 이하의 징역 또는 1천만원 이하의 벌금에 처한다.

③ 등록관청은 甲의 중개사무소 개설등록을 취소할 수 있다.

④ 乙이 징역 또는 벌금형을 선고받은 경우 甲은 乙의 위반행위 방지를 위한 상당한 주의 · 감독을 게을리하지 않았더라도 벌금형을 받는다.

⑤ 丙의 재산상 손해에 대해서는 甲에게만 손해배상을 청구할 수 있다.

37-1 甲군에 중개사무소를 둔 개업공인중개사 乙과 소속공인중개사 丙의 인장에 대한 설명 중 옳은 것은?

① 乙이 법인인 경우에 인장등록은 「상업등기규칙」에 따른 인감증명서의 제출로 갈음한다.

② 乙은 개설등록 전까지 사용할 인장을 甲군수에 등록하여야 한다.

③ 乙이 공인중개사인 개업공인중개사라면 「인감증명법」에 따라서 신고한 인장을 등록하여야 한다.

④ 丙은 乙이 고용신고할 때 사용할 인장을 함께 등록하여야 한다.

⑤ 丙은 자신이 작성한 확인 · 설명서에 등록한 인장을 날인하지 않은 경우에는 과태료 사유에 해당한다.

37-2 다음 인장등록 및 사용에 대한 설명 중 옳은 것은?

① 분사무소는 중개행위에 사용하기 위해서 「상업등기규칙」에 따라 법인 대표자가 보증하는 인장을 등록하여야 한다.

② 소속공인중개사는 업무개시 전까지 가족관계등록부나 주민등록표에 기재된 성명이 나타난 인장을 등록관청에 등록하여야 한다.

③ 법인의 분사무소에서 사용할 인장은 분사무소 소재지 시장·군수·구청장에게 등록하여야 한다.

④ 법인인 개업공인중개사가 등록할 인장은 그 크기가 가로, 세로 각각 7밀리미터 이상 30밀리미터 이내이어야 한다.

⑤ 개업공인중개사는 중개사무소의 개설등록 신청시 사용할 인장을 같이 등록하여야 한다.

38-1 다음 개업공인중개사의 휴업 및 폐업에 대한 설명 중 옳은 것은 모두 몇 개인가?

> ㉠ 개업공인중개사가 휴업을 하는 경우, 질병으로 인한 요양 등 대통령령이 정하는 부득이한 사유가 있는 경우를 제외하고는 3개월을 초과할 수 없다.
> ㉡ 휴업신고를 받은 등록관청은 다음 달 10일까지 공인중개사협회에 통보하여야 한다.
> ㉢ 휴업기간을 변경하고자 하는 때에 신고를 하지 않으면 업무정지처분을 받는다.
> ㉣ 부동산중개업의 재개신고는 전자문서에 의한 방법으로 할 수 없다.
> ㉤ 등록관청에 「공인중개사법」상의 폐업신고를 한 경우에는 「부가가치세법」상의 폐업신고를 한 것으로 본다.

① 1개   ② 2개   ③ 3개
④ 4개   ⑤ 5개

38-2 다음 휴업과 폐업에 대한 설명 중 옳은 것은?

① 휴업 중에 중개업을 재개하고자 하는 경우에는 등록증을 첨부하여 등록관청에 신고하여야 한다.

② 중개사무소의 개설등록 후 신고 없이 3개월을 초과하여 업무개시를 하지 아니하면 등록관청은 업무정지를 명할 수 있다.

③ 휴업기간 중인 개업공인중개사는 그 기간 중에 다른 개업공인중개사의 소속공인중개사가 될 수 있다.

④ 3개월 이상 휴업을 하고자 하는 자는 자격증을 첨부하여 등록관청에 신고하여야 한다.

⑤ 「부가가치세법」상의 휴업·폐업신고서를 제출 받은 등록관청은 지체 없이 관할 세무서장에게 송부하여야 한다.

39-1 다음 일반중개계약에 대한 설명 중 옳은 것은?

① 개업공인중개사는 의뢰인의 일반중개계약서 작성 요청이 있는 경우 일반중개계약서를 작성·교부하여야 한다.

② 등록관청은 법 제22조 규정에 따른 일반중개계약의 표준이 되는 서식을 정하여 권장하여야 한다.

③ 일반중개계약을 체결한 경우에는 부동산거래정보망에 중개대상물에 관한 정보를 공개할 수 없다.

④ 표준서식인 일반중개계약서에는 개업공인중개사가 중개보수를 과다수령시 그 차액의 환급하는 규정을 두고 있다.

⑤ 일반중개계약서를 작성한 경우에는 개업공인중개사는 3년간 보존하여야 한다

40-1 甲소유 X부동산을 매도하기 위한 甲과 개업공인중개사 乙의 전속중개계약에 관한 설명으로 옳은 것은?

① 甲과 乙이 전속중개계약의 유효기간을 약정하지 않은 경우 유효기간은 6개월로 한다.

② 甲과 乙이 작성하는 전속중개계약서에는 중개의뢰인과 개업공인중개사가 모두 서명 및 날인한다.

③ 乙이 甲과의 전속중개계약 체결 뒤 1년 만에 그 계약서를 폐기한 경우 이는 업무정지사유에 해당한다.

④ 甲이 비공개를 요청하지 않은 경우, 乙은 전속중개계약 체결 후 2주 내에 X부동산에 관한 정보를 부동산거래정보망 또는 일간신문에 공개해야 한다.

⑤ 전속중개계약 체결 후 乙이 공개해야 할 X부동산에 관한 정보에는 소유권을 취득함에 따라 부담할 조세의 종류 및 세율도 포함된다.

40-2 공인중개사법령상 전속중개계약에 관한 설명으로 틀린 것을 모두 고른 것은?

> ㉠ 임대차에 대한 전속중개계약을 체결한 개업공인중개사는 중개대상물의 거래예정금액에 대한 사항을 공개하지 아니할 수 있다.
>
> ㉡ 개업공인중개사는 중개의뢰인에게 전속중개계약 체결 후 2주일에 1회 이상 중개업무 처리상황을 문서 또는 구두로 통지해야 한다.
>
> ㉢ 중개의뢰인이 유효기간 내에 개업공인중개사가 소개한 상대방과 개업공인중개사를 배제하고 직접 거래한 경우에는 지불하여야 할 중개보수 50% 범위 내에서 실제 비용을 지불하여야 한다.
>
> ㉣ 개업공인중개사가 전속중개계약 체결한 때에는 지체 없이 부동산거래정보망과 일간신문에 당해 중개대상물에 관한 정보를 공개해야 한다.

① ㉠, ㉢　　　　　　② ㉡, ㉣　　　　　　③ ㉠, ㉡, ㉢
④ ㉠, ㉢, ㉣　　　　⑤ ㉠, ㉡, ㉢, ㉣

41-1 다음 부동산거래정보망에 대한 설명 중 옳은 것은?

① 국토교통부장관은 중개의뢰인 상호 간에 부동산 매매 등에 관한 정보의 공개와 유통을 촉진하고 공정한 부동산거래질서를 확립하기 위하여 부동산거래정보망을 설치·운영할 자를 지정할 수 있다.

② 전국적으로 500인 이상, 2개 이상의 시·군·구에서 각 30인 이상의 개업공인중개사가 가입, 이용신청을 하여야 거래정보사업자로 지정 받을 수 있다.

③ 법인인 개업공인중개사는 거래정보사업자로 지정을 받을 수 없다.

④ 거래정보사업자로 지정을 받고자 하는 자는 운영규정을 제정하여 국토교통부장관의 승인을 얻어야 한다.

⑤ 지정신청하는 자는 가입자인 개업공인중개사의 가입이용신청서 및 개업공인중개사의 개설등록증 원본을 제출하여야 한다.

41-2 다음 부동산거래정보망과 거래정보사업자에 대한 설명 중 옳은 것은?

① 거래정보사업자는 중개의뢰인으로부터 의뢰받은 정보에 한하여 공개하여야 한다.

② 거래정보사업자로 지정은 받은 자는 30일 이내에 부동산거래정보망의 이용 및 정보제공방법 등에 관한 사항을 정하여 국토교통부장관의 인가를 받아야 한다.

③ 지정신청할 때 구비서류에는 부동산거래정보망의 이용 및 정보제공방법 등에 관한 사항을 정한 운영규정은 포함되지 않는다.

④ 거래정보사업자는 부동산거래정보망을 통해 거래하는 경우 거래가 완성된 때에는 지체 없이 이를 당해 개업공인중개사에게 통보하여야 한다.

⑤ 거래정보사업자가 국토교통부장관의 감독상 명령 등을 이행하지 아니한 경우에는 지정취소사유에 해당한다.

42-1 다음 개업공인중개사 甲의 확인·설명의무 등에 관한 설명 중 옳은 것은?

① 甲은 거래계약이 체결된 때 확인·설명 사항을 권리취득의뢰인에게 설명하여야 한다.

② 甲은 권리취득의뢰인에게 성실·정확하게 설명하고, 부동산종합증명서, 등기권리증, 확인·설명서 등 근거자료를 제시하여야 한다.

③ 甲은 확인·설명을 위하여 필요한 경우에는 중개대상물의 매도의뢰인·임대의뢰인 등에게 당해 중개대상물의 내·외부시설물의 상태에 관한 자료를 요구하여야 한다.

④ 甲이 법인인 경우에는 임원 또는 사원이 서명 및 날인하되, 당해 중개행위를 한 소속공인중개사가 있는 경우에는 함께 서명 및 날인하여야 한다.

⑤ 甲은 중개가 완성되어 거래계약서를 작성하는 때에는 확인·설명사항을 대통령령이 정하는 바에 따라 서면으로 작성하여 거래당사자에게 교부하고 3년 동안 원본, 사본 또는 전자문서를 보존하여야 한다.

42-2 공인중개사법령상 공인중개사인 개업공인중개사 등의 중개대상물 확인·설명에 관한 내용으로 옳은 것을 모두 고른 것은?

> ㉠ 개업공인중개사는 중개대상물에 대한 권리를 취득 및 보유함에 따라 부담하여야 할 조세의 종류 및 세율을 취득의뢰인에게 설명하여야 한다.
> ㉡ 의뢰인에게 설명할 의무를 부담하지 않은 사항은 그릇된 정보를 제공한 경우에는 개업공인중개사의 선량한 관리자의 주의 의무에 위반되는 것은 아니다.
> ㉢ 개업공인중개사가 확인·설명하여야 할 권리관계에는 권리자에 대한 사항도 포함된다.
> ㉣ 중개업무를 수행하는 소속공인중개사가 성실·정확하게 중개대상물의 확인·설명을 하지 않은 것은 500만원 이하의 과태료 사유에 해당한다.

① ㉠, ㉡   ② ㉠, ㉣   ③ ㉢

④ ㉠, ㉢, ㉣   ⑤ ㉡, ㉢, ㉣

42-3 공인중개사가 중개를 의뢰받아 공인중개사법령상 중개대상물의 확인·설명을 하는 경우에 관한 내용으로 옳은 것은?

① 중개의뢰인이 개업공인중개사에게 소정의 보수를 지급하지 아니한 경우 개업공인중개사의 확인·설명의무 위반에 따른 손해배상책임이 당연히 소멸 된다.

② 개업공인중개사가 주택임대차계약을 체결하려는 자에게 「주민등록법」 제29조의2에 따른 전입세대확인서의 열람 또는 교부에 관한 사항을 설명하지 않은 경우에는 업무정지사유에 해당한다.

③ 중개대상물의 범위 외의 물건이나 권리 또는 지위를 중개하는 경우에도 선량한 관리자의 주의로 권리관계 등을 조사·확인하여 설명할 의무가 있다.

④ 주택 매매계약을 알선한 경우에 관리비 금액과 그 산출내역을 설명하여야 한다.

⑤ 매도 또는 임대의뢰인이 상태에 관한 자료요구에 불응한 경우 개업공인중개사는 조사 및 설명할 의무가 없다.

43-1 개업공인중개사의 확인·설명서[I] 기재사항에 대한 설명 중 옳은 것은?

① '대상물건의 표시'(건축물) – 소재지, 준공년도, 면적, 구조, 내진설계 여부, 내진능력, 용도지역, 방향 등을 기재한다.

② '취득시 부담할 조세의 종류 및 세율' – 취득세, 재산세, 농어촌특별세, 지방교육세

③ '환경조건' – 일조량, 소음, 비선호시설

④ '관리에 관한 사항' – 관리비, 경비실

⑤ '내·외부시설물의 상태' – 배수, 소방, 도배, 승강기

43-2 다음 확인·설명서[I]의 기재사항 중 세부확인사항에 해당하는 것은?

① 용도지역, 건폐율상한   ② 경비실, 관리비 부과 방식

③ 대중교통, 주차장   ④ 전기, 가스, 난방방식

⑤ 전입세대확인서, 민간임대등록여부

43-3 공인중개사법령상 중개대상물 확인·설명서[II](비주거용 건축물)에서 기재사항으로 옳은 것을 모두 고른 것은?

> ㉠ "단독경보형감지기"
> ㉡ "내진설계 적용 여부"
> ㉢ "실제권리관계 또는 공시되지 않은 물건의 권리 사항"
> ㉣ "환경조건(일조량·소음·진동)"
> ㉤ 비선호시설(1km 이내)의 유무

① ㉠, ㉡   ② ㉠, ㉣   ③ ㉡, ㉢   ④ ㉠, ㉡, ㉢   ⑤ ㉡, ㉣

43-4 다음 중 토지에 대한 확인·설명서에 기재할 사항이 아닌 것은?

① 중개보수 및 실비의 금액과 산출내역

② 토지이용계획, 공법상 거래규제 및 이용제한

③ 비선호시설

④ 거래예정금액, 개별공시지가

⑤ 관리에 관한 사항

44-1 다음 확인·설명서[Ⅰ] 작성방법에 대한 설명 중 옳은 것은?

① 임대차계약을 알선한 경우에는 개별공시지가 및 건물(주택)공시가격은 기재하지 않는다.

② 중개보수에 대한 부가가치세는 중개보수에 포함된다.

③ 대상물건에 공동담보가 설정된 경우에는 공동담보목록 등을 확인하여 공동담보의 실제채무액 등 해당 중개물건의 권리관계를 명확히 적고 설명해야 한다.

④ "도시계획시설", "지구단위계획구역", 그 밖의 "도시관리계획"은 개업공인중개사가 확인하여 기재한다.

⑤ "관리비 금액"은 직전 6개월간 월평균 관리비 등을 기초로 산출한 총금액 기재한다.

44-2 중개대상물 확인·설명서[Ⅰ] 기재요령 등에 관한 설명으로 틀린 것은?

① '민간임대주택인지여부'는 임대주택정보체계에 접속 하여 확인하거나 임대인에게 확인하여 기재한다.

② '계약갱신요구권 행사여부'는 계약갱신요구권 행사여부에 관한 확인서류 받지 않은 경우에는 해당 없음에 √ 한다.

③ '관리비부과방식'에서 '그 밖의 부과방식'을 선택한 경우 세대별 사용량을 계량하여 부과하는 전기료, 수도료 등 비목은 실제 사용량에 따라 금액이 달라질 수 있고, 이에 따라 총 관리비가 변동될 수 있음을 설명해야 한다.

④ '전입세대확인서'는 임대인이 거주하거나 확정일자부여현황으로 선순위 모든 세대 확인되는 경우에는 해당없음에 √ 한다.

⑤ '신탁등기'된 부동산의 경우에 수탁자와 신탁물건(신탁원부 번호) 기재하고 신탁원부 약정사항에 명시된 임대차계약 요건을 확인 및 설명하여야 한다.

44-3 주거용건축물의 확인 · 설명서 작성방법에 관한 내용으로 옳은 것은?

① 중개보수는 거래금액을 기준으로 계산한다.

② 토지의 건폐율 · 용적률 상한은 시 · 도조례를 확인하여 기재한다.

③ "중개보수 및 실비의 금액과 산출내역"란에 보수지급시기를 기재한다.

④ "입지조건"은 매도(임대)의뢰인에게 자료를 요구하여 확인한 사항을 기재한다.

⑤ "취득시 부담할 조세의 종류 및 세율"은 중개가 완성되기 전 「지방세법」의 내용을 확인하여 기재한다. 단, 임대차의 경우에도 기재한다.

45-1 개업공인중개사 甲과 소속공인중개사 乙은 공인중개사법령에 따라 거래계약서를 작성하고자 한다. 이에 관한 설명으로 옳은 것은? (다툼이 있으면 판례에 따름)

① 甲은 중개대상물에 대하여 중개가 완성된 때에만 거래계약서를 작성 · 교부해야 한다.

② 甲이 작성하여 거래당사자에게 교부한 거래계약서의 원본, 사본 또는 전자문서를 보존해야 할 기간은 3년이다.

③ 乙이 거래계약서를 작성한 경우에 甲과 乙이 거래계약서에 서명 또는 날인하여야 한다.

④ 乙이 둘 이상의 서로 다른 거래계약서를 작성한 경우에는 과태료 사유에 해당한다.

⑤ 甲은 거래계약서를 공인전자문서 센터에 보존하는 경우에도 거래계약서 원본, 사본 또는 전자문서를 보존하여야 한다.

45-2 개업공인중개사가 작성하는 거래계약서에 기재해야 할 사항으로 공인중개사법령상 명시된 것을 모두 고른 것은?

> ㉠ 중개보수 및 실비의 금액과 산출내역
> ㉡ 물건의 인도일시
> ㉢ 권리이전의 내용
> ㉣ 중개대상물 확인·설명서 교부일자
> ㉤ 거래예정금액

① ㉠, ㉡, ㉤ ② ㉠, ㉡, ㉤ ③ ㉠, ㉢, ㉣
④ ㉡, ㉢, ㉣ ⑤ ㉠, ㉡, ㉢, ㉤

46-1 부동산전자계약에 관한 설명으로 옳은 것은?

① 개업공인중개사가 부동산거래계약시스템을 통하여 부동산거래계약을 체결한 경우에도 신고관청에 부동산거래계약신고서를 제출하여야 한다.

② 부동산전자계약은 거래당사자 간에도 체결할 수 있다.

③ 정보처리시스템을 이용하여 주택임대차계약을 체결하였한 경우에 해당 주택의 임차인은 정보처리시스템을 통하여 전자계약인증서에 확정일자 부여를 신청할 수 있다.

④ 전자계약시스템을 통하여 체결된 전자계약의 경우 홈페이지상에서 확정된 이후에는 해제나 수정을 할 수 없다.

⑤ 거래계약서 작성시 확인·설명사항이 「전자문서 및 전자거래 기본법」에 따른 공인전자문서센터에 보관된 경우라도 개업공인중개사는 확인·설명사항을 서면으로 작성하여 보존하여야 한다.

47-1 다음 공인중개사법상 개업공인중개사의 손해배상책임에 대한 설명 중 옳은 것은?

① 대토권의 매매 등을 알선한 행위가 공제사업자를 상대로 개업공인중개사의 손해배상책임을 물을 수 있는 중개행위에 해당한다.

② 개업공인중개사가 자기의 중개사무소를 다른 사람의 중개행위의 장소로 제공함으로서 거래당사자 또는 제3자에게 발생한 재산상 손해에 대해서 손해배상책임이 발생한다.

③ 판례에 의하면 「공인중개사법」 제30조 제1항의 "중개행위"에 해당하는지 여부는 법 제정 목적에 비추어 볼 때 개업공인중개사가 진정으로 거래당사자를 위하여 거래를 알선 중개하려는 의사를 갖고 있었느냐에 의하여 결정할 것이다.

④ 개업공인중개사는 보증설정금액 범위 내에서 손해배상책임을 진다.

⑤ "경매 대상 부동산에 대한 권리분석 및 취득의 알선" 행위는 법 제30조 개업공인중개사가 손해배상책임을 져야 하는 "중개행위"에 해당한다.

47-2 다음 개업공인중개사의 중개업과 관련된 보증설정에 대한 설명 중 옳은 것은?

① 보증기관이 보증사실을 등록관청에 직접 통보한 경우라도 개업공인중개사는 등록관청에 보증설정신고를 해야 한다.

② 개업공인중개사의 고의로 인한 경우에도 보증기관은 손해배상에 따른 보증금 지급의무가 있다.

③ 개업공인중개사는 중개완성 전에 거래당사자에게 손해배상책임의 보장에 관한 주요사항을 설명하고 관계증서의 사본 등을 교부하여야 한다.

④ 지역농협이 부동산중개업을 하는 때에는 중개업무를 개시하기 전에 보장금액 2천만원 이상의 보증을 보증기관에 설정하여야 하나 등록관청에 신고는 하지 않아도 된다.

⑤ 보증보험, 공제에 가입한 개업공인중개사로서 보증기간이 만료되어 다시 보증을 설정하고자 하는 자는 그 보증기간 만료 15일 전까지 다시 보증을 설정하고 그 증명서류를 갖추어 등록관청에 신고하여야 한다.

48-1 계약금 등 반환채무의 이행보장제도에 관한 다음 설명으로 옳은 것은?

① 개업공인중개사는 거래안전을 보장하기 위해 필요한 경우에 계약금 등을 개업공인중개사 또는 제3자 명의로 예치하도록 거래당사자에게 권고할 수 있다.

② 이 제도는 거래사고를 예방하기 위해서 거래계약체결이 완료될 때까지 계약금 등을 금융기관 등에 예치하도록 하는 제도이다.

③ 거래당사자가 계약금 등을 예치하는 경우에 금융기관, 공제사업자, 신탁업자에 한하여 예치기관이 될 수 있다.

④ 공제사업자는 예치명의자가 될 수 있으나 예치기관은 될 수 없다.

⑤ 개업공인중개사는 거래계약의 이행이 완료될 때까지 개업공인중개사 명의로 중도금을 공제사업자에게 예치할 것을 거래당사자에게 권고할 수 있다.

48-2 다음 계약금 등 반환채무의 이행보장제도에 대한 설명 중 옳은 것은?

① 예치명의자인 개업공인중개사가 계약금 등을 임의로 인출하면 6개월 이하의 범위에서 업무정지를 명할 수 있다.

② 예치명의자인 개업공인중개사는 거래계약과 관련된 계약금 등을 자기 소유의 예치금과 분리하여 관리할 수 있다.

③ 법인인 개업공인중개사 명의로 금융기관에 계약금 등을 예치하는 경우 그 계약금 등을 거래당사자에게 지급할 것을 보장하기 위하여 4억원 이상의 보증을 설정하여야 한다.

④ 매도인 등이 계약금 등을 사전에 수령하기 위해서는 금융기관 또는 보증보험회사가 발행하는 보증서를 매수인 등에게 교부하여야 한다.

⑤ 개업공인중개사는 계약금 등 반환채무의 이행보장에 소요된 실비와 관련하여 매도, 임대 그 밖의 권리를 이전하고자 하는 의뢰인에게 청구할 수 있다.

49-1 다음 중 「공인중개사법」상 개업공인중개사 등의 금지행위가 아닌 것은?

> ㉠ 시세에 부당한 영향을 줄 목적으로 온라인 커뮤니티 등을 이용하여 특정 가격 이하로 중개를 의뢰하지 아니하도록 유도함으로써 개업공인중개사의 업무를 방해하는 행위
> ㉡ 상가권리금계약을 알선하고 권리금의 10%를 용역수수료로 받은 경우
> ㉢ 중개의뢰인인 소유자로부터 거래에 관한 대리권을 수여 받은 대리인과 중개대상물에 대하여 임대차계약을 체결한 개업공인중개사
> ㉣ 단체를 구성하여 단체 구성원 이외의 자와 공동중개를 제한하는 행위
> ㉤ 중개의뢰인을 대리하여 타인에게 중개대상물을 임대하는 행위

① ㉡, ㉢, ㉤ 　　　　② ㉡, ㉤ 　　　　③ ㉠, ㉣, ㉤
④ ㉠, ㉡, ㉢ 　　　　⑤ ㉢, ㉣, ㉤

49-2 다음 개업공인중개사 등의 행위 중 금지행위에 해당하는 것은?

① 상가분양대행을 하고 주택 외 중개대상물에 대한 중개보수의 법정한도를 초과하여 보수를 받은 경우
② 법정한도를 초과하여 중개보수를 요구하였지만 받지 못한 경우
③ 순가중개계약을 체결하였으나 실제로는 법정한도 범위 내의 중개보수를 받는 행위
④ 개업공인중개사가 매도인으로부터 매도중개의뢰를 받은 다른 개업공인중개사의 중개로 부동산을 매수한 경우
⑤ 미등기전매를 알선하였으나 전매차익이 발생하지 않은 경우

50-1 공인중개사법령상 교육에 대해 설명한 내용이다. 옳은 것은?

① 소속공인중개사는 고용신고일 전 1년 이내에 시·도지사 또는 등록관청이 실시하는 실무교육을 받아야 한다.
② 직무교육 대상자는 소속공인중개사 및 중개보조원이다.
③ 실무교육 시간은 32시간 이상 44시간 이하로 한다.
④ 소속공인중개사로서 고용관계 종료신고 후 1년 이내에 중개사무소의 개설등록을 신청하려는 자는 실무교육을 다시 받지 않아도 된다.
⑤ 등록관청은 연수교육을 실시하려는 경우 실무교육 또는 연수교육을 받은 후 2년이 되기 2개월 전까지 교육장소 등을 대상자에게 통지하여야 한다.

50-2 다음 공인중개사법령상 교육에 대한 설명 중 옳은 것은 모두 몇 개인가?

- 연수교육은 직무수행에 필요한 법률지식, 부동산 중개 및 경영실무, 직업윤리 등을 교육내용으로 한다.
- 시·도지사는 실무교육의 전국적인 균형 유지를 위하여 필요하다고 인정하면 실무교육의 지침을 마련하여 시행할 수 있다.
- 국토교통부장관 시·도지사 또는 등록관청은 부동산거래사고예방을 위한 교육을 실시하려는 경우에 교육일 7일 전까지 교육에 필요한 사항을 공고하고 교육대상자에게 통지하여야 한다.
- 실무교육을 받은 개업공인중개사는 실무교육을 받은 후 2년마다 시·도지사가 실시하는 직무교육을 받아야 한다.
- 직무교육 시간은 3시간 이상 4시간 이하로 한다.

① 1개   ② 2개   ③ 3개
④ 4개   ⑤ 5개

51-1 공인중개사법령상 중개보수에 관련된 설명으로 틀린 것을 모두 고른 것은?

> ㉠ 중개보수 지급시기는 당사자 간의 약정이 없을 때에는 중개대상물의 거래계약체결이 완료된 날로 한다.
> ㉡ 매수인이 매매 잔금 지급을 지체하여 해제된 경우에는 중개한 개업공인중개사는 중개보수를 받을 수 있다.
> ㉢ 공인중개사법령상 중개보수 제한 규정들은 공매대상 부동산 취득의 알선에 대해서는 적용되지 않는다.
> ㉣ 공인중개사 자격이 없는 자가 중개사무소 개설등록을 하지 아니한 채 부동산중개업을 하면서 거래당사자와 체결한 중개보수 지급약정은 무효이다.

① ㉠, ㉡ ② ㉠, ㉢ ③ ㉡, ㉢
④ ㉡, ㉣ ⑤ ㉢, ㉣

51-2 다음 중개보수의 범위에 대한 설명 중 옳은 것은?

① 주택의 중개에 대한 보수는 중개의뢰인 쌍방으로부터 각각 받되, 그 쌍방으로부터 받을 수 있는 한도는 [별표 1]과 같다.

② 개업공인중개사는 중개대상물 소재지와 중개사무소의 소재지가 다른 경우에는 중개대상물의 소재지를 관할하는 특별시·광역시·도 조례에서 정한 기준에 따라 보수를 받아야 한다.

③ 주택 이외의 중개대상물에 대한 보수는 국토교통부령이 정하는 범위에서 특별시·광역시 또는 도 조례로 정한다.

④ 전용면적이 85제곱미터 이하이고, 상·하수도 시설이 갖추어진 전용입식 부엌, 전용수세식 화장실 및 목욕시설을 갖춘 오피스텔의 임대차에 대한 중개보수의 상한요율은 거래금액의 1천분의 5이다.

⑤ 상가임대차계약을 알선한 경우에 일방에게 최고 0.9%까지 중개보수를 받을 수 있다.

52-1 다음 중개보수 계산에서 적용기준을 설명한 것 중 옳은 것은?

① 교환계약 체결을 중개한 경우 중개보수 산정을 위한 거래가액은 고액의 중개대상물 가액에 보충금을 더한 금액을 기준으로 삼는다.

② 동일한 중개대상물에 대하여 동일한 당사자간의 매매를 포함한 둘 이상의 거래가 동일한 기회에 이루어진 경우에는 둘 이상의 거래의 거래금액을 합산한 금액을 거래금액으로 본다.

③ 아파트 분양권 매매를 중개한 경우에 거래가액이라 함은 당사자가 거래 당시에 수수하게 되는 총 대금을 거래가액으로 보아야 한다.

④ 중개대상물이 복합건축물인 경우에 주택의 면적이 2분의 1 이하인 경우에는 주택 외의 중개대상물에 대한 중개보수 규정을 적용한다.

⑤ 임대차 중 보증금 외에 차임이 있는 경우에는 월 단위의 차임액에 100을 곱한 금액을 보증금에 합산한 금액을 거래금액으로 한다. 다만, 이 합산한 금액이 5천만원 이하인 경우에는 월 단위의 차임액에 70을 곱한 금액과 보증금을 합산한 금액으로 적용한다.

52-2 A시에 중개사무소를 둔 개업공인중개사 甲은 B시에 소재하는 乙 소유의 건축물(그 중 주택의 면적은 3분의 2임)에 대하여 乙과 丙 사이의 매매계약과 동시에 乙을 임차인으로 하는 임대차계약을 중개하였다. 이 경우 甲이 받을 수 있는 중개보수에 관한 설명으로 옳은 것을 모두 고른 것은?

> ㉠ 甲이 건축물을 중개한 경우의 중개보수는 주택의 중개에 대한 보수 규정을 적용한다.
> ㉡ 甲은 B시가 속한 시·도의 조례에서 정한 기준에 따라 중개보수를 받아야 한다.
> ㉢ 甲의 중개보수를 정하기 위한 거래금액의 계산은 매매계약에 관한 거래금액만을 적용한다.
> ㉣ 甲은 乙과 丙으로부터 중개보수를 균분하여 받는다.

① ㉢

② ㉠, ㉢

③ ㉡, ㉣

④ ㉠, ㉡, ㉢

⑤ ㉠, ㉡, ㉣

52-3 단독주택을 3억원에 매수한 자가 매도인과 보증금 5,000만원 월세 150만원에 임대차계약을 체결한 경우에 이 두 가지 거래계약을 알선한 개업공인중개사가 쌍방에게 받을 수 있는 중개보수 최고 금액은? (2억원 이상 6억원 미만의 매매 교환의 경우 최고 요율은 1천분의 4이고 한도액은 없으며, 1억원 이상 3억원 미만의 임대차 등의 경우에는 최고요율은 1천분의 3이고 한도액은 없다)

① 120만원   ② 180만원   ③ 240만원
④ 360만원   ⑤ 720만원

52-4 개업공인중개사가 甲소유의 구분등기가 안 된 4층 건물(1층은 120m²의 점포이고, 2층, 3층과 4층은 주거용으로 각각 120m²이다)에 대해 5억원의 매매계약을 알선한 경우에 중개의뢰인 쌍방에게 받을 수 있는 중개보수 총액은? (주택의 경우 2억원 이상 6억원 미만의 매매의 경우 최고 요율은 1천분의 4이고 한도액은 없으며, 주택 외 중개대상물은 1천분의 9 이내에서 받을 수 있다)

① 200만원   ② 400만원   ③ 450만원
④ 900만원   ⑤ 1200만원

52-5 甲은 개업공인중개사 丙에게 중개를 의뢰하여 乙소유의 전용면적 90제곱미터 오피스텔을 보증금 2천만원, 월차임 30만원에 임대차계약을 체결하였다. 이 경우 丙이 甲으로부터 받을 수 있는 중개보수의 최고 한도액은? (임차한 오피스텔은 건축법령상 업무시설로 상·하수도 시설이 갖추어진 전용입식 부엌, 전용수세식 화장실 목욕시설을 갖춤)

① 369,000   ② 328,000   ③ 400,000
④ 450,000   ⑤ 900,000

53-1 공인중개사협회에 대한 다음 내용 중 옳은 것은?

① 협회에 관하여 공인중개사법령에 규정된 것 외에는 「민법」 중 재단법인에 관한 규정을 적용한다.

② 협회의 창립총회를 개최할 경우 특별자치도에서는 20인 이상의 회원이 참여하여야 한다.

③ 협회는 국토교통부령이 정하는 바에 따라 특별시, 광역시, 도에 지부를 둔다.

④ 협회는 총회의 의결내용을 5일 이내 국토교통부장관에게 보고하여야 한다.

⑤ 협회의 지부에 대한 지도·감독은 시·도시자의 권한이며, 지회에 대한 지도·감독은 등록관청의 권한이다.

53-2 공인중개사법령상 공인중개사협회의 공제사업에 관한 설명으로 옳은 것은?

① 협회는 공제사업 운용실적을 매 회계연도 종료 후 3개월 이내에 일간신문 또는 협회보에 공시하고 협회의 인터넷 홈페이지에 게시하여야 한다.

② 협회는 공제사업을 하고자 하는 때에는 공제규정을 제정하여 국토교통부장관의 인가를 받아야 한다.

③ 금융감독원의 원장은 필요하다고 인정한 경우에는 협회의 공제사업에 관하여 검사를 할 수 있다.

④ 협회는 공제사업을 다른 회계와 구분하여 별도의 회계로 관리하여야 하며, 책임준비금을 다른 용도로 사용하고자 하는 경우에는 금융감독원의 승인을 얻어야 한다.

⑤ 책임준비금의 적립비율은 공제사고 발생률 및 공제금 지급액 등을 종합적으로 고려하여 결정하되 공제료 수입액의 100분의 10 이내로 정한다.

53-3 공인중개사법령상 공인중개사협회의 운영위원회에 대한 설명으로 틀린 것은?

> ㉠ 협회의 회장 및 임원인 운영위원의 숫자는 전체 운영위원의 수의 2분의 1 미만으로 한다.
> ㉡ 운영위원의 임기는 2년으로 하고 연임할 수 없다.
> ㉢ 한국소비자원의 임원이었거나 임원으로 재직 중인 사람은 운영위원으로 위촉될 수 있다.
> ㉣ 공제사업에 관한 사항을 심의하고 그 업무집행을 감독하기 위하여 국토교통부에 운영위원회를 둘 수 있다.

① ㉠, ㉡　　　　　　② ㉢, ㉣　　　　　　③ ㉠, ㉢, ㉣
④ ㉡, ㉢, ㉣　　　　⑤ ㉠, ㉡, ㉢, ㉣

53-4 공인중개사법령상 공인중개사협회의 운영위원회에 관한 설명으로 옳은 것은?

① 공제조합 관련 업무에 관한 학식과 경험이 풍부한 사람으로 해당 업무에 5년 이상 종사한 사람은 운영위원이 될 수 있다.
② 운영위원회는 성별을 고려하여 구성하되, 7명 이상 11명 이내로 구성한다.
③ 협회 회장이나 임원은 운영위원이 될 수 없다.
④ 운영위원회 위원장은 국토교통부 제1차관이다.
⑤ 운영위원회의 회의는 재적위원 과반수의 찬성으로 심의사항을 의결한다.

54-1 다음 중 공인중개사법령상 포상금 지급사유에 해당하는 자를 모두 묶은 것은?

> ㉠ 개업공인중개사 아닌 자 甲이 "공인중개사사무소"라는 문자를 사용한 경우
> ㉡ 개업공인중개사 乙이 제3자에게 부당한 이익을 얻게할 목적으로 거짓으로 거래가 완료된 것처럼 꾸미는 행위를 한 경우
> ㉢ 부녀회원 丙이 안내문, 온라인 커뮤니티 등을 이용하여 특정 개업공인중개사 등에 대한 중개의뢰를 제한 하거나 제한을 유도하는 행위를 한 경우
> ㉣ 개업공인중개사 丁이 중개대상물에 대하여 거짓으로 광고를 한 경우
> ㉤ 개업공인중개사가 戊가 단체를 구성하여 특정 중개대상물에 대한 중개를 제한하는 행위를 한 경우

① ㉡, ㉣, ㉤   ② ㉢, ㉣, ㉤   ③ ㉣, ㉤
④ ㉠, ㉡, ㉤   ⑤ ㉡, ㉢, ㉤

54-2 다음 중 포상금 지급에 대한 설명으로 옳은 것은?

① 포상금은 1인당 50만원으로 한다.
② 신고 또는 고발된 자에게 기소유예처분이 있는 경우에 포상금을 지급한다.
③ 행정기관에 의해서 발각된 후에 등록관청이나 수사기관에 신고 또는 고발한 자에게도 포상금을 지급한다.
④ 포상금을 지급 받고자 하는 자는 포상금 지급신청서를 등록관청 또는 수사기관에 제출하여야 한다.
⑤ 등록관청은 하나의 사건에 대하여 2건 이상의 신고 또는 고발이 접수된 경우에 균등하게 배분한다.

54-3 공인중개사법령상 포상금 제도에 대한 설명 중 옳은 것은?

① 개업공인중개사로서 부당한 이익을 얻을 목적으로 거짓으로 거래가 완료된 것처럼 꾸미는 등 중개대상물의 시세에 부당한 영향을 줄 우려가 있는 행위를 한 자를 신고한 자는 포상금을 받을 수 있다.

② 포상금은 신고 또는 고발 사건에 대해서 공소제기되어 유죄판결이 확정된 때 한하여 지급한다.

③ 포상금의 소요비용에 대해 국고보조는 100분의 50 이상으로 한다.

④ 포상금지급신청서를 제출받은 등록관청은 그 사건에 관한 수사기관의 처분내용을 조회한 후 포상금 지급을 결정하고 그 결정일로부터 2개월 이내에 포상금을 지급한다.

⑤ 포상금 지급 사유에 해당하는 자를 신고 또는 고발하여 검사가 공소제기하였으나 무죄판결이 확정된 경우에는 포상금을 지급하지 않는다.

54-4 공인중개사법령상 수수료납부 대상자에 해당하는 것은 모두 몇 개인가?

> • 분사무소설치의 신고를 하는 자
> • 공인중개사협회의 설립인가 신청을 하는 경우
> • 중개사무소의 휴업을 신고하는 자
> • 거래정보사업자로 지정신청을 하는 자
> • 공인중개사 자격시험에 합격하여 공인중개사자격증을 처음으로 교부받는 자

① 1개   ② 2개   ③ 3개   ④ 4개   ⑤ 5개

54-5 부동산거래질서교란행위 신고센터의 설치·운영에 관한 설명 중 틀린 것은?

① 국토교통부장관은 부동산거래질서교란행위를 방지하기 위하여 부동산거래질서교란행위 신고센터를 설치·운영할 수 있다.

② 국토교통부장관이 신고센터 업무를 금융감독원에 위탁한다.

③ 부동산거래질서교란행위를 신고하려는 자는 일정한 사항을 기재한 서면(전자문서 포함)으로 제출하여야 한다.

④ 신고센터는 제출 받은 신고사항에 대해 시·도지사 및 등록관청 등에 조사 및 조치를 요구해야 한다.

⑤ 신고센터는 매월 10일까지 직전 달의 신고사항 접수 및 처리결과 등을 국토교통부장관에게 제출하여야 한다.

55-1 공인중개사법령상 소속공인중개사의 자격정지사유에 해당하는 것을 모두 고른 것은?

> ㉠ 권리를 취득하고자 하는 중개의뢰인에게 중개가 완성되기 전까지 등기사항증명서 등 확인·설명의 근거자료를 제시하지 않은 경우
> ㉡ 소속공인중개사가 공인중개사의 직무와 관련하여 형법상 사기죄로 징역 1년 집행유예 2년을 선고 받은 경우
> ㉢ 소속공인중개사가 다른 개업공인중개사인 법인의 임원이 된 경우
> ㉣ 중개대상물 확인·설명서를 교부하지 아니한 경우

① ㉠, ㉡   ② ㉠, ㉢   ③ ㉢, ㉣
④ ㉠, ㉡, ㉢   ⑤ ㉡, ㉢, ㉣

55-2 다음은 공인중개사 자격취소 및 자격정지에 관한 설명이다. 틀린 것은 모두 몇 개인가?

> ㉠ 공인중개사의 자격취소처분 및 자격정지처분은 자격증을 교부한 시·도지사 또는 사무소 소재지 관할 시·도지사가 행한다.
>
> ㉡ 사무소 소재지 관할 시·도지사는 자격취소 및 자격정지처분을 모두 이행한 후 자격증을 교부한 시·도지사에게 통보하여야 한다.
>
> ㉢ 등록관청은 소속공인중개사에 대한 자격취소 및 자격정지사유 중 어느 하나에 해당 하는 사실을 알게 된 때에는 지체 없이 그 사실을 시·도지사에게 통보하여야 한다.
>
> ㉣ 자격취소를 받은 공인중개사는 자격취소처분을 받은 날부터 7일 이내에 등록관청에 공인중개사자격증을 반납하여야 한다.
>
> ㉤ 공인중개사에 대하여 자격취소 및 자격정지처분을 하고자 하는 시·도지사는 청문을 실시하여야 한다.

① 1   ② 2   ③ 3
④ 4   ⑤ 5

56-1 다음 중 공인중개사법령상 등록관청이 인지하였다면 공인중개사인 개업공인중개사 甲의 중개사무소 개설등록을 취소하여야 하는 경우에 해당하지 않는 것은?

① 甲이 2020년 9월 12일에 개업공인중개사가 자격정지기간 중의 소속공인중개사로 하여금 거래계약서 작성 등 중개업무를 하도록 한 경우

② 공인중개사법령을 위반한 甲에게 2018년 9월 12일에 400만원 벌금형이 선고되어 확정된 경우

③ 甲이 휴업 중인 2020년 9월 12일에 다른 개업공인중개사의 사무실에서 소속공인중개사로 일하고 있는 경우

④ 甲이 최근 1년 이내에 공인중개사법령을 위반하여 3회 업무정지처분을 받고 다시 과태료처분에 해당하는 행위를 한 경우

⑤ 甲이 2020년 9월 12일에 다른 사람에게 자기의 성명을 사용하여 중개업무를 하게 한 경우

56-2 다음 개업공인중개사의 행위 중 중개사무소 개설등록을 반드시 취소해야 하는 사유가 아닌 것을 모두 고른 것은?

> ㉠ 부당한 이익을 얻을 목적으로 거짓으로 거래가 완료된 것처럼 꾸미는 등 중개대상물의 시세에 부당한 영향을 주는 행위를 한 경우
> ㉡ 거래계약서에 거래금액을 거짓으로 기재한 경우
> ㉢ 개업공인중개사가 개업공인중개사와 소속공인중개사의 합한 숫자의 5배를 초과하여 중개보조원을 고용한 경우
> ㉣ 최근 1년 이내에 업무정지 2회, 과태료 1회를 받고 다시 업무정지에 해당하는 행위를 한 경우
> ㉤ 손해배상책임을 보장하는 조치 없이 업무를 개시한 경우

① ㉠, ㉡, ㉤   ② ㉠, ㉢, ㉣   ③ ㉡, ㉣, ㉤
④ ㉢, ㉣, ㉤   ⑤ ㉠, ㉡, ㉢

56-3 다음 중 업무정지사유에 해당하지 않은 것은?

① 개업공인중개사가 정당한 사유 없이 관계공무원의 검사 또는 조사에 불응한 경우
② 공인중개사법령을 위반하여 2 이상의 중개사무소를 개설등록한 경우
③ 개업공인중개사가 확인·설명서를 교부하지 아니한 경우
④ 개업공인중개사가 천막 등 이동이 용이한 임시중개시설물을 설치한 경우
⑤ 결격사유에 해당하는 중개보조원을 두고 2개월 내에 그 사유를 해소하지 아니한 경우

57-1 공인중개사법령상 행정제재처분효과의 승계 등에 관한 설명으로 옳은 것을 모두 고른 것은?

> ㉠ 폐업신고 전에 개업공인중개사에게 한 업무정지처분의 효과는 그 처분일부터 2년간 재등록 개업공인중개사에게 승계된다.
> ㉡ 폐업기간이 2년을 초과한 재등록 개업공인중개사에 대해 폐업신고 전의 중개사무소 업무정지사유에 해당하는 위반행위를 이유로 행정처분을 할 수 없다.
> ㉢ 폐업신고 전에 개업공인중개사에게 한 과태료부과처분의 효과는 그 처분일부터 10개월 된 때에 재등록을 한 개업공인중개사에게 승계된다.
> ㉣ 폐업기간이 3년 6개월이 지난 재등록 개업공인중개사에게 폐업신고 전의 중개사무소 개설등록 취소사유에 해당하는 위반행위를 이유로 개설등록 취소처분을 할 수 없다.

① ㉠   ② ㉠, ㉣   ③ ㉡, ㉢
④ ㉡, ㉢, ㉣   ⑤ ㉠, ㉡, ㉢, ㉣

57-2 개업공인중개사 甲, 乙, 丙에 대한 「공인중개사법」 제40조(행정제재처분효과의 승계 등)의 적용에 관한 설명으로 옳은 것을 모두 고른 것은?

> ㉠ 甲이 2020. 11. 16. 「공인중개사법」에 따른 과태료부과처분을 받았으나, 2020. 12. 16. 폐업신고를 하였다가 2021. 10. 15. 다시 중개사무소의 개설등록을 하였다면, 위 과태료부과처분의 효과는 승계된다.
> ㉡ 乙이 2020. 8. 1. 국토교통부령으로 정하는 전속중개계약서에 의하지 않고 전속중개계약을 체결한 후, 2020. 9. 1. 폐업신고를 하였다가 2021. 10. 1. 다시 중개사무소의 개설등록을 하였다면, 등록관청은 업무정치처분을 할 수 있다.
> ㉢ 丙이 2018. 8. 5. 다른 사람에게 자기의 상호를 사용하여 중개업무를 하게 한 후, 2018. 9. 5. 폐업신고를 하였다가 2021. 10. 5. 다시 중개사무소의 개설등록을 하였다면, 등록관청은 개설등록을 취소해야 한다.

① ㉠   ② ㉠, ㉡   ③ ㉠, ㉢
④ ㉡, ㉢   ⑤ ㉠, ㉡, ㉢

58-1 공인중개사법령상 법정형이 1년 이하의 징역 또는 1천만원 이하의 벌금에 해당하는 자를 모두 고른 것은?

> ㉠ 공인중개사가 아닌 자로서 공인중개사 명칭을 사용한 자
> ㉡ 개업공인중개사가 단체를 구성하여 단체 구성원 이외의 자와 공동중개를 제한하는 행위
> ㉢ 개업공인중개사로부터 공개를 의뢰받지 아니한 중개대상물의 정보를 부동산거래정보망에 공개한 거래정보사업자
> ㉣ 안내문, 온라인 커뮤니티 등을 이용하여 특정 개업공인중개사 등에 대한 중개의뢰를 제한하거나 제한을 유도하는 행위

① ㉠, ㉣   ② ㉡, ㉢   ③ ㉠, ㉢
④ ㉡, ㉣   ⑤ ㉠, ㉡, ㉢, ㉣

58-2 공인중개사법상 1년 이하의 징역 또는 1,000만원 이하의 벌금에 처할 수 있는 경우가 아닌 것은?

① 소속공인중개사가 업무상 알게 된 비밀을 누설한 경우
② 아파트분양권 매매업을 한 소속공인중개사
③ 부당한 이익을 얻을 목적으로 거짓으로 거래가 완료된 것처럼 꾸미는 등 중개대상물의 시세에 부당한 영향을 주는 행위를 한 자
④ 다른 사람에게 자기의 성명을 사용하여 중개업무를 하게 한 자
⑤ 둘 이상의 중개사무소에 소속된 중개보조원

58-3 다음 중 위반행위에 대한 법정 형량이 다른 것은?

① 정당한 사유 없이 개업공인중개사의 정당한 표시·광고를 방해하는 행위
② 개업공인중개사 등에게 중개대상물을 시세보다 현저하게 높게 표시·광고하도록 강요하는 행위
③ 개업공인중개사가 이전등기되지 아니한 부동산의 전매를 알선한 경우
④ 안내문, 온라인 커뮤니티 등을 이용하여 특정 가격 이하로 중개의뢰 하지 아니하도록 유도하는 행위
⑤ 고용한 중개보조원의 숫자가 법정 고용인원 수를 초과한 경우

59-1 과태료부과처분대상자, 부과금액기준, 부과권자가 옳게 연결된 것은?

① 국토교통부장관의 중개대상물에 대한 표시 · 광고가 규정을 준수했는지 여부를 모니터링 하기 위한 관련 자료 제출 요구를 정당한 사유 없이 따르지 아니한 정보통신서비스 제공자 - 100만원 이하 - 국토교통부장관

② 개업공인중개사가 중개대상물에 대하여 부당한 표시 · 광고를 한 경우 - 100만원 이하 - 등록관청

③ 개업공인중개사가 중개대상물에 대하여 정확하게 설명하지 않은 경우 - 500만원 이하 - 등록관청

④ 중개보조원은 현장안내 등 중개업무를 보조하는 경우 중개의뢰인에게 본인이 중개보조원이라는 사실을 미리 알리지 않은 경우 - 100만원 이하 - 등록관청

⑤ 공인중개사 자격이 취소되었음에도 공인중개사자격증을 반납하지 아니한 자 - 100만원 이하 - 등록관청

⑥ 정당한 사유 없이 연수교육을 받지 아니한 개업공인중개사 - 500만원 이하 - 등록관청

59-2 다음 중 100만원 이하의 과태료 사유에 해당하지 않은 것은?

① 부칙 제6조 제2항의 개업공인중개사가 그 사무소 명칭에 "공인중개사사무소"의 문자를 사용한 경우

② 폐업신고한 후 중개사무소의 간판을 철거하지 아니한 개업공인중개사

③ 중개대상물에 대한 표시 · 광고할 때 중개사무소 명칭을 누락한 개업공인중개사

④ 옥외광고물에 성명을 거짓으로 표기한 자

⑤ 개업공인중개사가 중개완성된 때 중개의뢰인에게 손해배상책임에 관한 사항을 설명하지 아니한 경우

복습문제 정답

01-1	④	01-2	①	02-1	①	02-2	②	03-1	③	03-2	⑤
04-1	①	04-2	④	05-1	④	05-2	①	06-1	②	06-2	②
07-1	⑤	07-2	②	08-1	⑤	08-2	⑤	09-1	④	09-2	⑤
10-1	①	10-2	④	11-1	①	11-2	④	12-1	②	12-2	②
13-1	⑤	13-2	②	14-1	①	14-2	③	15-1	④	15-2	④
16-1	①	16-2	②	17-1	⑤	17-2	④	17-3	⑤	17-4	②
18-1	②	18-2	②	19-1	②	19-2	⑤	20-1	①	20-2	①
20-3	②	21-1	⑤	22-1	⑤	22-2	②	23-1	③	23-2	②
23-3	⑤	24-1	①	24-2	③	25-1	③	25-2	④	25-3	⑤
26-1	③	26-2	⑤	27-1	③	27-2	④	27-3	③	28-1	①
28-2	③	29-1	④	29-2	④	29-3	④	30-1	③	30-2	⑤
30-3	⑤	31-1	②	31-2	⑤	32-1	⑤	32-2	③	33-1	③
33-2	①	34-1	③	34-2	④	35-1	⑤	35-2	③	36-1	③
36-2	③	37-1	①	37-2	②	38-1	①	38-2	⑤	39-1	④
40-1	③	40-2	⑤	41-1	③	41-2	③	42-1	⑤	42-2	③
42-3	③	43-1	④	43-2	④	43-3	③	43-4	⑤	44-1	④
44-2	②	44-3	③	45-1	①	45-2	④	46-1	③	47-1	⑤
47-2	②	48-1	⑤	48-2	①	49-1	②	49-2	⑤	50-1	④
50-2	①	51-1	②	51-2	⑤	52-1	③	52-2	②	52-3	③
52-4	②	52-5	④	53-1	②	53-2	①	53-3	⑤	53-4	①
54-1	⑤	54-2	②	54-3	①	54-4	①	54-5	②	55-1	②
55-2	⑤	56-1	④	56-2	①	56-3	②	57-1	④	57-2	①
58-1	③	58-2	③	58-3	⑤	59-1	③	59-2	②		

제35회 공인중개사 시험대비 **전면개정판**

2024 박문각 공인중개사
고종원 파이널 패스 100선 ❷차 공인중개사법·중개실무

초판인쇄 | 2024. 8. 5. **초판발행** | 2024. 8. 10. **편저** | 고종원 편저

발행인 | 박 용 **발행처** | (주)박문각출판 **등록** | 2015년 4월 29일 제2019-000137호

주소 | 06654 서울시 서초구 효령로 283 서경빌딩 4층 **팩스** | (02)584-2927

전화 | 교재 주문 (02)6466-7202, 동영상문의 (02)6466-7201

저자와의
협의하에
인지생략

정가 20,000원
ISBN 979-11-7262-173-5